100 HEERLIJK GUMBO-RECEPTEN

DE BESTE MIX VOOR GUMBO

Mara de Ruiter

Alle rechten voorbehouden.

Vrijwaring

De informatie in dit eBook is bedoeld om te dienen als een uitgebreide verzameling strategieën waar de auteur van dit eBook onderzoek naar heeft gedaan. Samenvattingen, strategieën, tips en trucs worden alleen aanbevolen door de auteur, en het lezen van dit eBook garandeert niet dat iemands resultaten exact overeenkomen met de resultaten van de auteur. De auteur van het eBook heeft alle redelijke inspanningen geleverd om de lezers van het eBook actuele en nauwkeurige informatie te verschaffen. De auteur en zijn medewerkers kunnen niet aansprakelijk worden gesteld voor onopzettelijke fouten of weglatingen die kunnen worden gevonden. Het materiaal in het eBook kan informatie van derden bevatten. Materialen van derden bevatten meningen van hun eigenaars. Als zodanig aanvaardt de auteur van het eBook geen verantwoordelijkheid of aansprakelijkheid voor materiaal of meningen van derden.

Het eBook is copyright © 2022 met alle rechten voorbehouden. Het is illegaal om dit e-book geheel of gedeeltelijk opnieuw te verspreiden, te kopiëren of er afgeleide werken van te maken. Geen enkel deel van dit rapport mag worden gereproduceerd of opnieuw verzonden in welke vorm dan ook zonder schriftelijke, uitdrukkelijke en ondertekende toestemming van de auteur.

INHOUDSOPGAVE

INHOUDSOPGAVE 3
INVOERING 6
BASISRECEPTEN 8
   1. Roux 9
   2. Zeevruchtenbouillon 11
   3. Gevogelte Voorraad 13
   4. Rijst 15
   5. Creoolse kruiden 17
GUMBO-RECEPTEN 19
   6. Kip en Garnalen Gumbo 20
   7. Okra Kip Gumbo 23
   8. Dutch Oven Sint Jacobsschelp gumbo 26
   9. Dutch Oven kip gumbo 28
   10. Dutch Oven eend gumbo 30
   11. Gumbo aan de Golfkust 33
   12. Kip, Garnalen en Tasso Gumbo 37
   13. Creoolse Gumbo 41
   14. Creoolse Zeevruchten Gumbo 45
   15. Kip en Andouille Gumbo 49
   16. Garnalen en Okra Gumbo 52
   17. Super Gumbo 56
   18. Cajun Kip Gumbo 61
   19. Kwartel Gumbo 64
   20. Gumbo z'Herbes 68
   21. File Gumbo 72
   22. Meerval Gumbo 75
   23. Kool Gumbo 79
   24. Turkije Gumbo 82
   25. Roux-minder Gumbo 85
   26. Eend en Andouille Gumbo 89
   27. Gestoofde Gans en Foie Gras Jambalaya 93
   28. Zwarte Jambalaya 96

29. Kip, Garnalen en Worst Jambalaya..99
30. Langoesten en Worst Jambalaya..102
31. Pastaja..105
32. Jambalaya uit de slowcooker..108

LAGNIAPPE..111

33. Langoesten Bisque..112
34. Langoesten Étouffée..116
35. Langoesten Taarten...119
36. Vuile Rijst...122
37. Eieren Sardou...125
38. Grutten en Grillades..128
39. Natchitoches vleespasteien...131
40. Oester Artisjok Gumbo..134
41. Oesterdressing...137
42. Oester Pot Taart...140
43. Oester Rockefeller Gumbo..144
44. Roodbaars Court Bouillon...147
45. Rode Bonen En Rijst...150
46. Garnalen en Grits...153
47. Garnalen Remoulade..156
48. Peper gelei...159
49. Gevulde Mirlitons..161
50. Schildpad Gumbo...164
51. Rijst en bonen met gebakken eieren.....................................168
52. Huevos Rancheros Ontbijtbraadpan......................................172
53. Mango en Bonen Ontbijt Burrito Bowl....................................176
54. Slow Cooker Gevulde Paprika's...179
55. Gemengde Bean en rijstdip...182
56. Pinto Bonen en Rijstballetjes...185
57. Gefrituurde Bonen, Rijst En Worstballetjes............................188
58. Langkorrelige rijst en pintoboon..191
59. Limoenkip met in ei gebakken langkorrelige rijst...................194
60. Langkorrelige Rijst Hoppin' John...198
61. Mexicaans geïnspireerde pintobonen en rijst.......................201
62. Pinto Bonen En Rijst Met Koriander......................................204
63. Spaanse Pinto Bonen & Rijst..208
64. Eenpans rijst en bonen...212
65. Zuidelijke Pinto Bonen en Rijst..215

66. Pinto Bonen en Rijst en Worst..218
67. Gallopinto (Nicaraguaanse rijst en bonen).................................221
68. Bonensaus & tomaten over rijst..225
69. Cajun pintobonen..229
70. Rijst & bonen met kaas..232
71. Pintobonen en Saffraanrijst..235
72. Taco Kruidenrijst met pintobonen...238
73. Indiase pompoenrijst en bonen..241
74. Mexicaanse cowboybonen..244
75. Caribisch feest..247
76. Jamaicaanse Jerk Jackfruit & Bonen met Rijst..........................251
77. Rijst Pilaf Met Bonen, Vruchten En Noten................................255
78. Bonen en rijst cha cha cha kom...258
79. Raap Roerbak Met Bonen...261
80. Rijst met lamsvlees, dille en bonen...264
81. Kaasachtige Pinto Bonen..269
82. Rijst en bonen met basilicumpesto...272
83. Flankbiefstuk met bonen en rijst...274
84. Afrikaanse rijst en bonen..277
85. Tumbleweed, pinto bean en rijstsalade....................................280
86. Pinto Bonen, Rijst En Veggie Salade...283
87. Salade van edamame en pintobonen..286
88. Rijst-bonensalade met gehakte rauwkost................................289
89. Bonen en Rijst Gumbo..292
90. Chili con carne...295
91. Veganistische Rijstgumbo..297
92. Bonen en rijst burrito's..300
93. Roll-ups van rijst en bonen..303
94. Gebakken Pinto Bean Flautas met Tortilla van rijstmeel........306
95. Enchiladas van rijst en bonen met rode saus..........................310
96. Quesadilla's met rijst en bonen...314
97. Peruviaanse Tacu Tacu Cake..317
98. Alkalische Stoofpot Erwten Met Dumplings............................321
99. Okra-curry..324
100. Plantaardige Kokos Curry...326

CONCLUSIE..**328**

INVOERING

Gumbo is de essentie van de Creoolse en Cajun-keuken, het verplichte gerecht op elk restaurantmenu en het hart van thuiskoken. Het toont de beste inheemse schaaldieren, evenals lokale worstjes, gevogelte, vrij wild en specerijen. Het is ontstaan in Louisiana in de achttiende eeuw en ontleent zijn naam aan het Bantu-woord voor okra (gombo) of het Choctaw-woord voor filé (kombo). Zowel okra als filé, wat gemalen sassafrasbladeren zijn die door indianen worden gebruikt, dienen als verdikkingsmiddelen voor gumbo, samen met de roux, een basis van meel gebruind in olie. Het meest voorkomende verdikkingsmiddel is de roux, die vergelijkbaar is met jus. De mate waarin het bruin is bepaalt de kleur van de gumbo. Lokale koks geven het vaak een donkerbruine kleur die het eindproduct een diepe en robuuste smaak geeft. Traditioneel, uien, selderij, en paprika (bekend als de drie-eenheid van de lokale keuken) plus knoflook worden gesist in de roux, en bouillon wordt toegevoegd om een Gumbo te maken. Ingrediënten variërend van schaaldieren tot gevogelte tot vrij wild bepalen het type en de smaak van de gumbo. Kruiden zoals cayennepeper, tijm en laurier veranderen de smaak van het gerecht om de kok te plezieren, en de gumbo wordt geserveerd in kommen met rijst.

De meest onderscheidende stijlen van gumbo zijn Creools (New Orleans) en Cajun (zuidwesten van Louisiana). Creools gebruikt tomaten en Cajun niet. Daarom is de ene bruin en de andere roodachtig bruin. Creoolse gumbo heeft meestal een dunnere basis, terwijl een Cajun-gumbo steviger, donkerder en soms dikker is en meer geneigd is om wild zoals wilde eenden te gebruiken. In Zuid-Louisiana worden gumbos op alle tafels geserveerd, rijk of arm, en in de meeste restaurants, chique of niet.

BASISRECEPTEN

1. Roux

MAAKT ONGEVEER 1 KOPJE

INGREDIËNTEN

1/2 kopje plantaardige olie

1/2 kopje bloem voor alle doeleinden

ROUTEBESCHRIJVING

Verhit de olie in een grote, zware pan op hoog vuur; voeg de bloem toe en roer constant tot het mengsel bruin begint te worden. Zet het vuur laag tot medium of medium-laag en kook, onder voortdurend roeren, tot de roux mediumbruin is, of de kleur van pindakaas of melkchocolade.

Als je de voorkeur geeft aan een donkerdere gumbo, blijf dan bruinen totdat de roux een donkere chocoladekleur krijgt. Hoe donkerder de roux, hoe dunner de gumbo zal zijn Verbrand de roux niet, anders bederft het de smaak van de gumbo. Als het verbrand ruikt, is het te lang gekookt. De meeste gumbos zijn lekker en een beetje dik als de roux de kleur heeft van melkchocolade.

2. Zeevruchtenbouillon

VOOR 5 KOPJES

INGREDIËNTEN

1 1/2 pond schelpen van garnalen, langoesten of krabben

ROUTEBESCHRIJVING

Doe de schelpen in een middelgrote pan en bedek ze met koud water. Aan de kook brengen. Dek af, zet het vuur laag tot medium-laag en laat 30 minuten sudderen. Deformatie.

3. Gevogelte Voorraad

MAAKT 8 KOPJES

INGREDIËNTEN

3 pond kippen-, kalkoen- of eendenbotten

1 grote ui, geschild en in vieren gesneden

2 stengels bleekselderij, gehalveerd

2 wortelen, in vieren

1/2 eetlepel zwarte peperkorrels

2 grote teentjes knoflook, gehalveerd

10 kopjes koud water

ROUTEBESCHRIJVING

Plaats alle ingrediënten in een pot van 6 liter. Aan de kook brengen. Zet het vuur laag tot medium-laag, dek de pan af met het deksel scheef en laat 2 1/2 uur sudderen. Als het koel genoeg is om te hanteren, zeef. Laat volledig afkoelen en schep het vet van de bovenkant af. Als je het van tevoren maakt, zet het dan in de koelkast en schep het vaste vet eraf.

4. Rijst

MAAKT 6-8 PORTIES

INGREDIËNTEN

2 kopjes water

2 kopjes verrijkte langkorrelige rijst

1/2 theelepel zout

ROUTEBESCHRIJVING

Breng het water aan de kook in een kleine pan met deksel. Voeg de rijst en het zout toe. Zet het vuur lager, dek af en laat sudderen op het laagste vuur tot het water is opgenomen, ongeveer 20 minuten. Roeren is niet nodig.

5. Creoolse kruiden

MAAKT 2 1/2 ONS

INGREDIËNTEN

2 eetlepels zout

2 theelepels cayennepeper

4 theelepels versgemalen zwarte peper

4 theelepels knoflookpoeder

4 theelepels paprika, zoet of pikant, of naar smaak

4 theelepels selderijzout

2 theelepels chilipoeder

ROUTEBESCHRIJVING

Klop alle ingrediënten samen in een middelgrote kom. Bewaar in een schoongemaakte 2 1/2-ounce kruidenfles. De smaakmaker behoudt zijn kracht enkele maanden.

GUMBO-RECEPTEN

6. Kip en Garnalen Gumbo

VOOR 4 PERSONEN

INGREDIËNTEN
2 eetlepels koolzaadolie
¼ kopje bloem voor alle doeleinden
1 middelgrote ui, in blokjes gesneden
1 groene paprika, ontpit en in blokjes gesneden
2 stengels bleekselderij, in blokjes
3 teentjes knoflook, gehakt
1 eetlepel gehakte verse tijm
¼ tot ½ theelepel cayennepeper
½ kopje droge witte wijn
1 (14-ounce) blik tomatenblokjes zonder zout
2 kopjes water
1 (10-ounce) pakket bevroren gesneden okra
4 ons gerookte andouilleworst, in blokjes gesneden
1 pond middelgrote garnalen, gepeld en ontdarmd
1½ pond gekookte kipfilet, in blokjes gesneden

ROUTEBESCHRIJVING

Verhit de olie in een grote soeppan of braadpan op middelhoog vuur. Voeg de bloem toe en kook, onder voortdurend roeren.

Voeg de ui, paprika, selderij en knoflook toe en kook, af en toe roerend, tot de uien zacht zijn, ongeveer 5 minuten.

Voeg de tijm en cayennepeper toe en kook nog 1 minuut. Roer de wijn erdoor en breng aan de kook, af en toe roerend.

Voeg de tomaten met hun sap, water en okra toe en laat ze onafgedekt ongeveer 15 minuten sudderen. Voeg de worst en garnalen toe en laat nog ongeveer 5 minuten sudderen.

Roer de gekookte kip erdoor en laat sudderen, af en toe roerend, tot de kip is opgewarmd en de garnalen ondoorzichtig zijn.

7. Okra Kip Gumbo

INGREDIËNTEN

- 1 pond middelgrote garnalen gepeld
- 1/2 pond kippenborsten zonder vel, zonder botten
- 1/2 kopkokosnootolie-
- 3/4 kopamandelmeel
- 2 kopjes gehakte uien
- 1 kopje gehakte selderij
- 1 kopje gehakte groene paprika
- 1 theelepel gemalen komijn
- 1 Eetlepels gehakte verse knoflook
- 1 theelepel verse tijm gehakt
- 1/2 theelepel rode peper
- 6 kopjes kippenbouillon
- 2 kopjes tomatenblokjes
- 3 kopjes gesneden okra
- 1/2 kopje verse peterselie gehakt
- 2 laurierblaadjes
- 1 theelepel hete saus

ROUTEBESCHRIJVING

a) Bak de kip op hoog vuur bruin in een grote pan. Verwijder en zet opzij. Snipper uien, selderij en groene peper en zet opzij.

b) Doe olie en bloem in de pan. Roer goed en bruin tot een roux. Voeg als de roux klaar is de gesneden groenten toe. Sauteer op laag vuur gedurende 10 minuten.

c) Voeg onder voortdurend roeren langzaam de kippenbouillon toe.

d) Voeg de kip en alle andere ingrediënten toe, behalve de okra, garnalen en peterselie, die bewaar je voor het einde.

e) Dek af en laat een half uur op laag vuur sudderen. Verwijder het deksel en kook nog een half uur, af en toe roerend.

f) Garnalen, okra en peterselie toevoegen. Blijf 15 minuten op laag vuur koken zonder deksel.

8. Dutch Oven Sint Jacobsschelp gumbo

TOTALE KOOKTIJD: 36 MINUTEN
PORTIES: 4
UITRUSTING: 12-INCH DUTCH OVEN

INGREDIËNTEN
2 pond baby-sint-jakobsschelpen
3 eetlepels meel
2 uien, gesnipperd
2 paprika's, in stukjes gesneden
1/2 kopjes bleekselderij, gehakt
2 pond okra, in plakjes
4 eetlepels kookolie
3 tomaten, in plakjes
Gehakte Knoflook, 2 teentjes
Snufje zout en peper

ROUTEBESCHRIJVING

Maak een roux van bloem en bakolie.
Voeg de paprika, ui en knoflook toe samen met water, zout en peper.
Voeg de bleekselderij, okra en tomaat toe en kook 30 minuten met het deksel erop.
Voeg de sint-jakobsschelpen toe en laat nog 6 minuten sudderen.

9. Dutch Oven kip gumbo

TOTALE KOOKTIJD: 15 MINUTEN
PORTIES: 6
UITRUSTING: 12-INCH DUTCH OVEN

INGREDIËNTEN

2 eetlepels kookolie
1 kopjes bleekselderij, gehakt
2 pond okra, in plakjes
Gehakte Knoflook, 2 teentjes
3 tomaten, in plakjes
2 Eetlepels bloem
2 pond kipfilets, in blokjes
Zout en peper
2 paprika's, in stukjes gesneden
2 uien, gesnipperd

ROUTEBESCHRIJVING

Maak een roux van bloem en bakolie. Kook onder regelmatig roeren tot ze bruin zijn.
Voeg de paprika, ui en knoflook toe samen met water, zout en peper.
Voeg de bleekselderij, okra en tomaat toe.
Na het toevoegen van de kip nog 6 minuten laten koken.

10. Dutch Oven eend gumbo

TOTALE KOOKTIJD: 2 UUR 20 MINUTEN
PORTIES: 12
UITRUSTING: 12-INCH DUTCH OVEN

INGREDIËNTEN
EEND:
2 laurierblaadjes
3 theelepels zout
3 eenden
2 ribben bleekselderij
1 liter water
1 ui, in vieren
1 theelepel Peper
2 wortelen
GUMBO:
1 kopje olie
$\frac{1}{4}$ kopje gehakte peterselie
1 kopje meel
Gehakte Knoflook, 2 teentjes
$\frac{1}{2}$ kopje bleekselderij, gehakt
1 kopje paprika, in blokjes
2 kopjes gekookte rijst
1 punt oesters en sterke drank
1-pond okra, gesneden
1 kop ui, in blokjes gesneden
4 eetlepels spekvet
1 pond rauwe en gepelde garnalen

ROUTEBESCHRIJVING:

EEND

Kook eend, ui, laurierblaadjes, selderij, zout en peper ongeveer 1 uur.

VOOR GUMBO:

Meng bloem en olie met behulp van een Nederlandse oven.

Voeg knoflook, ui, selderij en groene paprika toe; bak okra in spekvet gedurende 20 minuten.

Verwarm de bouillon in een Gumbo-pot voordat je het mengsel van roux en groenten toevoegt.

Kook gedurende 1 uur, afgedekt, met de okra.

Voeg de garnalen, oesters en likeur toe.

11. Gumbo aan de Golfkust

MAAKT 8 PORTIES

INGREDIËNTEN

1 kopje plantaardige olie

1 1/2 kopjes bloem voor alle doeleinden

2 1/2 kopjes gehakte ui

1 1/2 kopjes gehakte selderij

1 1/2 kopjes gehakte groene paprika

3 eetlepels gehakte knoflook

1 theelepel Emeril's Original Essence of andere Creoolse smaakmaker

1 1/2 theelepel zout

1 theelepel versgemalen zwarte peper

1/2 theelepel cayennepeper

2 laurierblaadjes

1 theelepel gedroogde tijm

1 theelepel gedroogde oregano

1 pond rookworst, gesneden in 1/2-inch dikke rondjes

1 pond gumbokrabben, gehalveerd (zie opmerking)

10 kopjes garnalenbouillon of water

1 pond gekookte langoesten uit Louisiana, met eventueel vet

1 pond gepelde en ontdarmde garnalen uit de Golf

1/2 kopje gehakte groene uien, plus meer voor serveren

1/4 kopje gehakte verse peterselieblaadjes, plus meer om te serveren

Gestoomde witte rijst, om te serveren

ROUTEBESCHRIJVING

Verhit een grote braadpan of Gumbo-pot met zware bodem gedurende 1 minuut op hoog vuur. Voeg voorzichtig de olie toe en klop dan de bloem erdoor. Zet het vuur laag tot middelhoog en roer de bloem constant, schraap elk stukje van de panbodem, tot de roux gelijkmatig bruin is en de kleur van donkere pindakaas heeft, ongeveer 15 minuten. Als de bloem te snel begint te kleuren, verlaag dan het vuur tot medium. Het is belangrijk om de roux in de gaten te houden en zorgvuldig te koken om aanbranden te voorkomen. Zodra de gewenste kleur is bereikt, voeg je de ui, selderij, paprika, knoflook, Essence, zout, peper, cayennepeper, laurierblaadjes, tijm, oregano en worst toe. Blijf 5-7 minuten langer koken, of tot de groenten zacht zijn geworden.

Voeg de krabben en bouillon toe aan de braadpan en breng aan de kook. Zet het vuur laag tot het gestaag suddert en kook tot de smaken samenkomen en de saus fluweelachtig en glad is, ongeveer 2 uur, voeg extra bouillon of water toe als de gumbo tijdens het koken te dik wordt. De dikte van een gumbo is een kwestie van persoonlijke smaak. Sommige mensen houden van een heel dikke gumbo, terwijl anderen de voorkeur geven aan een dunne, bouillonachtige gumbo. Voeg de hoeveelheid vloeistof toe die bij uw voorkeur past.

Als de gumbo lekker is en precies de juiste dikte heeft, roer je de langoesten en garnalen erdoor en kook je tot de garnalen gaar zijn, 2-3 minuten langer. Roer de groene uien en peterselie erdoor. Proef en pas de smaak eventueel aan.

Serveer de gumbo over kommen gestoomde rijst met naar wens extra gehakte peterselie en groene uien.

12. Kip, Garnalen en Tasso Gumbo

MAAKT 6-8 PORTIES

INGREDIËNTEN

4 kippendijen zonder botten, in stukken van 5 cm gesneden met de huid erop

2 theelepels koosjer zout

1/2 theelepel paprikapoeder

1/2 theelepel versgemalen zwarte peper

1 1/2 kopjes plantaardige olie

2 1/4 kopjes bloem voor alle doeleinden, verdeeld

1 pond in blokjes gesneden tasso

1 middelgrote ui, in kleine blokjes

2 poblano pepers, in kleine blokjes

1 kleine jalapeño, in kleine blokjes

3 stengels bleekselderij, in blokjes

4 teentjes knoflook, fijngehakt

2-3 theelepels koosjer zout (voeg er 2 toe, proef en voeg de andere toe indien nodig)

1 1/2 theelepel versgemalen zwarte peper

1 theelepel cayennepeper

1 theelepel paprikapoeder

1 theelepel gedroogde tijm

1 theelepel filépoeder

6 laurierblaadjes

1 gallon kippenbouillon (of halve garnalenbouillon en halve kippenbouillon)

1 pond gepelde Louisiana garnalen

Breng de kip op smaak met zout, paprikapoeder en peper.

ROUTEBESCHRIJVING

Verhit de olie in een pot van 2 gallon met zware bodem tot middelhoog vuur; de olie moet zachtjes sissen als het klaar is.

Bestrijk de kip met 1/2 kopje bloem en bak ze aan beide kanten in de olie tot ze licht goudbruin zijn en leg ze dan op keukenpapier. Het hoeft op dit moment nog niet gaar te zijn. Voeg overtollig meel van het kruiden van de kip toe aan het resterende meel en voeg het toe aan de olie. Roer ongeveer 40 minuten op middelhoog vuur, of tot de roux een diep roodbruine, maar niet te donkere kleur krijgt.

Nadat de roux de juiste kleur heeft bereikt, voeg je de tasso, de groenten en alle kruiden toe (bewaar dat beetje zout, want de ene tasso is pittiger dan de andere) en kook ongeveer 4 minuten.

Klop de bouillon erdoor en breng aan de kook, zorg ervoor dat je de bodem van de pot roert terwijl de gumbo kookt, zodat hij niet blijft plakken. Laat ongeveer 30 minuten sudderen terwijl je al het vet dat naar de oppervlakte komt afromt.

Voeg op dit punt de gekookte kip en garnalen toe en laat nog 45 minuten sudderen, terwijl je nog steeds het vet dat naar boven drijft afromt.

Serveer direct of de volgende dag met wat gestoomde rijst en een kant van romige aardappelsalade. Chef Link zegt: "Ik doop mijn aardappelsalade graag in de gumbo."

13. Creoolse Gumbo

MAAKT 8-10 PORTIES

INGREDIËNTEN

1/2 pond chaurice, in hapklare stukjes gesneden

1/2 pond rookworst, in hapklare stukjes gesneden

1/2 pond runderstoofvlees

1/2 pond kippenspiermaag, gehakt

1 pond gumbokrabben

1/2 kopje plantaardige olie

1/2 kopje bloem voor alle doeleinden

2 grote uien, gesnipperd

3 liter water, of meer naar wens

8 kippenvleugels, bij de gewrichten gesneden en de uiteinden weggegooid

1/2 pond gerookte ham, in stukken van 1/2-inch gesneden

1 eetlepel paprikapoeder

1 theelepel gedroogde tijm

1 theelepel zout

3 teentjes knoflook, gehakt

1 pond middelgrote garnalen, gepeld en ontdarmd

2 dozijn gepelde oesters met hun drank

1/4 kop gehakte verse bladpeterselie

1 eetlepel filépoeder

Gekookte langkorrelige witte rijst, om te serveren

ROUTEBESCHRIJVING

Doe de worstjes, het rundvlees, de spiermaag en de krabben in een grote, zware pan. Dek af en kook op middelhoog vuur gedurende 30 minuten, af en toe roerend. Je hebt geen extra vet nodig, want het vlees zal genoeg smeren om te koken.

Maak terwijl het vlees kookt een roux: verhit de olie in een koekenpan, voeg de bloem toe en roer constant op middelhoog vuur tot de roux glad en donkerbruin van kleur is. Voeg de uien toe en kook op laag vuur tot ze zacht zijn. Leeg de inhoud van de koekenpan in de pan met het vlees en meng goed. Roer langzaam het water erdoor en breng het aan de kook. Voeg de kippenvleugels, ham, paprika, tijm, zout en knoflook toe, roer voorzichtig en zet het vuur laag; dek af en laat 45 minuten sudderen. Als je de voorkeur geeft aan een dunnere gumbo, voeg dan nu meer water toe.

Voeg de garnalen en oesters toe en kook nog een paar minuten - kijk uit tot de garnalen roze worden en de oesters omkrullen - meer dan dat, en ze worden taai. Haal de pan van het vuur, roer de peterselie en het filépoeder erdoor en geniet in kommen boven hete rijst.

14. Creoolse Zeevruchten Gumbo

MAAKT 6-8 PORTIES

INGREDIËNTEN

6 middelgrote blauwe krabben of bevroren gumbokrabben, ontdooid

2 1/2 pond garnalen in schelpen met koppen

2 dozijn middelgrote tot grote gepelde oesters met hun drank

1 kopje plus 1 eetlepel canola of andere plantaardige olie, verdeeld

2 kopjes gesneden okra, vers of ingevroren en ontdooid

1 kopje bloem voor alle doeleinden

1 grote ui, gesnipperd

1 bos groene uien, gehakt, witte en groene delen gescheiden

1 groene paprika, fijngesneden

2 stengels bleekselderij, fijngehakt

4 grote teentjes knoflook, fijngehakt

2 grote verse tomaten van het seizoen, geschild en in stukjes gesneden, of 1 (16-ounce) tomatenblokjes uit blik met sap

3 laurierblaadjes

1 theelepel Italiaanse kruiden

Zout, versgemalen zwarte peper en Creoolse kruiden naar smaak

1/4 kopje fijngehakte bladpeterselie

Gekookte langkorrelige witte rijst, om te serveren

ROUTEBESCHRIJVING

Bereid de krabben zoals beschreven in "Krab bereiden", pagina 23.

Onthoofd, pel en ontdarm de garnalen, plaats de koppen en schelpen in een middelgrote pot. Voeg voldoende water toe om de schelpen met minstens 5 cm te bedekken en breng aan de kook. Dek af, zet het vuur laag en laat 30 minuten sudderen. Zeef de bouillon, als hij iets is afgekoeld, in een grote maatbeker en gooi de schelpen weg.

Zeef de oesters en voeg de vloeistof toe aan de garnalenbouillon. Voeg op dit punt voldoende water toe om 7 of 8 kopjes vloeistof te maken (afhankelijk van hoe dik je van je gumbo houdt). Controleer de oesters op schelpfragmenten.

Verhit 1 eetlepel olie in een brede koekenpan (geen antiaanbaklaag) en voeg de okra toe. Bak op middelhoog vuur, af en toe roerend, tot alle plakkerigheid verdwijnt, ongeveer 15 minuten. Haal van het vuur.

Verhit de resterende olie in een grote, zware pan op hoog vuur; voeg de bloem toe en roer constant tot de roux bruin begint te worden. Zet het vuur laag tot medium of medium-laag en kook, onder voortdurend roeren, tot de roux de kleur heeft van pure chocolade.

Voeg de uien, de witte delen van de groene uien, de paprika en de bleekselderij toe en kook al roerend tot ze glazig zijn. Voeg de knoflook toe en bak nog een minuutje. Voeg de tomaten en de combinatie van oestervocht, garnalenbouillon en water toe tot een enigszins verdikte en gladde consistentie is bereikt.

Voeg de okra, krabben, laurierblaadjes en Italiaanse kruiden toe en breng op smaak met zout, peper en Creoolse kruiden; dek af en laat 40 minuten sudderen.

Voeg de garnalen toe en laat nog 5 minuten sudderen. Voeg de oesters toe en laat sudderen tot ze krullen, ongeveer 3 minuten.

Zet het vuur uit, verwijder de laurierblaadjes en roer de meeste groene uien en peterselie erdoor, laat wat achter voor garnering. Serveer in kommen over de rijst. Voeg stukjes krab toe aan elke kom en garneer met uientopjes en peterselie. Bied krab- of notenkrakers aan voor de poten.

15. Kip en Andouille Gumbo

MAAKT 6-8 PORTIES

INGREDIËNTEN

2 pond kippendijen zonder bot, in hapklare stukjes gesneden, of 1 hele kip, in stukjes gesneden

1 pond andouilleworst, in hapklare stukjes gesneden

2 eetlepels plus 1/2 kopje plantaardige olie, verdeeld

3/4 kopje bloem voor alle doeleinden

1 grote ui, gesnipperd

1 bos groene uien, gehakt, witte en groene delen gescheiden

1 groene paprika, fijngesneden

2 stengels bleekselderij, fijngehakt

4 teentjes knoflook, fijngehakt

6 kopjes kippenbouillon

2 laurierblaadjes

1 theelepel Creoolse kruiden

Zout en versgemalen zwarte peper, naar smaak

1/3 kopje gehakte bladpeterselie

Gekookte langkorrelige witte rijst, om te serveren

Bak de kip en andouille in een grote, zware pan bruin in 2 eetlepels olie. Haal het vlees uit de pan en zet opzij.

Voeg de resterende olie en de bloem toe aan de pan en roer constant op hoog vuur tot de roux bruin begint te worden. Zet het vuur laag tot medium of medium-laag en kook, onder voortdurend roeren, tot de roux de kleur heeft van pure chocolade.

Voeg de uien, het wit van de groene uien, de paprika, de bleekselderij en de knoflook toe en fruit op laag vuur ongeveer 5 minuten. Roer geleidelijk de kippenbouillon erdoor. Voeg de laurierblaadjes en Creoolse kruiden toe en breng op smaak met zout en peper; dek af en kook ongeveer 45 minuten tot 1 uur.

Voeg de bosuitjes en peterselie toe en verwijder de laurierblaadjes. Serveer in kommen over de rijst met hete saus en warm stokbrood.

16. Garnalen en Okra Gumbo

MAAKT 8 PORTIES

INGREDIËNTEN

3 pond kleine tot middelgrote garnalen in schelpen met koppen of 1 1/2 pond gepelde en ontdarmde bevroren garnalen, ontdooid

1 pond verse okra, gesneden in stukken van 1/4-inch, of bevroren gesneden okra, ontdooid

1 eetlepel plus 1/2 kopje plantaardige olie, verdeeld

1/2 kopje bloem voor alle doeleinden

1 grote ui, gesnipperd

1 bos groene uien, gehakt, witte en groene delen gescheiden

1 groene paprika, fijngesneden

2 stengels bleekselderij, fijngehakt

3 grote teentjes knoflook, fijngehakt

1 (14,5-ounce) blik tomatenblokjes

2 liter garnalenbouillon of water

1 1/2 theelepel Creoolse kruiden

2 laurierblaadjes

1/2 theelepel gedroogde tijm

1/4 kop gehakte bladpeterselie

Gekookte langkorrelige witte rijst, om te serveren

stokbrood

Als u verse garnalen gebruikt, ontdoe ze dan van de koppen, pel en ontdarm ze en plaats de schelpen en koppen in een middelgrote pan. Voeg voldoende water toe om de schelpen met minstens 5 cm te bedekken en breng aan de kook. Dek af, zet het vuur laag en laat 30 minuten sudderen. Zeef de bouillon, als hij iets is afgekoeld, in een grote maatbeker en gooi de schelpen weg.

Als je verse okra gebruikt, verwarm dan 1 eetlepel olie in een middelgrote tot grote koekenpan. Kook de okra op middelhoog vuur, af en toe roerend, tot de draderige vloeistof verdwijnt. Opzij zetten.

Verhit de resterende olie in een grote, zware pan op hoog vuur. Voeg de bloem toe en roer constant tot de roux bruin begint te worden. Verlaag het vuur tot medium en kook, onder voortdurend roeren, tot de roux de kleur heeft van melkchocolade. Voeg de uien en de witte delen van de groene uien toe en kook al roerend tot de uien beginnen te karamelliseren. Voeg de paprika en bleekselderij toe en kook tot ze geslonken zijn. Voeg de knoflook toe en bak nog een minuutje.

Voeg de tomaten toe en roer geleidelijk de bouillon of het water erdoor. Voeg alle kruiden behalve de peterselie toe, zet het vuur laag, dek af en laat 30 minuten sudderen. Voeg de garnalen toe en laat sudderen tot de garnalen roze worden, ongeveer 10 minuten. Haal van het vuur en voeg de groene ui en peterselie toe en verwijder de laurierblaadjes.

Serveer in kommen boven hete rijst met warm stokbrood.

17. Super Gumbo

MAAKT 10-12 PORTIES

INGREDIËNTEN

2 pond garnalen in schelpen met koppen

1 pond verse of bevroren gumbokrabben, ontdooid indien bevroren

6 stuks kip (zoals poten en dijen)

Zout, peper en creoolse kruiden naar smaak

1 pond verse okra, in stukjes gesneden, of bevroren gesneden okra, ontdooid

1 eetlepel plus 1 kopje plantaardige olie, verdeeld

1 kopje bloem voor alle doeleinden

1 grote ui, gesnipperd

1 bos groene uien, gehakt, witte en groene delen gescheiden

1 groene paprika, fijngesneden

2 stengels bleekselderij, fijngehakt

4 teentjes knoflook, fijngehakt

1/2 pond andouille of andere rookworst, in de lengte in vieren gesneden en in plakjes van 1/4 inch dik

2 verse tomaten, in blokjes gesneden, of 1 (14,5-ounce) blik tomatenblokjes

2 eetlepels tomatenpuree

9 kopjes zeevruchten of kippenbouillon, of een combinatie van beide

3 laurierblaadjes

1/2 theelepel Creoolse kruiden

1 theelepel zout

Verschillende slagen op een zwarte pepermolen

2 eetlepels fijngehakte platte peterselie

Gekookte langkorrelige witte rijst, om te serveren

Onthoofd, pel en ontdarm de garnalen, plaats de koppen en schelpen in een middelgrote pot. Voeg voldoende water toe om de schelpen met minstens 5 cm te bedekken en breng aan de kook. Dek af, zet het vuur lager en laat 30 minuten sudderen. Zeef de bouillon, als hij iets is afgekoeld, in een grote maatbeker en gooi de schelpen weg.

Verwijder alles behalve de schelpen met het krabvlees van de krabben, laat de poten eraan en het gele en oranje vet op hun plaats. Als er delen van de schaal moeten worden schoongemaakt, doe dit dan met een spons.

Spoel en droog de stukken kip en bestrooi rijkelijk met zout, peper en Creoolse kruiden.

Verhit in een middelgrote koekenpan 1 eetlepel plantaardige olie; voeg de okra toe en kook op hoog vuur, onder regelmatig roeren, tot het licht begint te bruinen. Verlaag het vuur tot medium en blijf koken tot de kleverige vloeistof verdwijnt.

Verhit in een grote, zware pan 2 eetlepels van de resterende olie en bak de stukken kip aan alle kanten bruin. Haal de kip eruit en zet opzij.

Voeg de resterende olie en de bloem toe aan de pan en roer op hoog vuur tot de roux lichtbruin kleurt. Zet het vuur laag en kook, onder voortdurend roeren, tot de roux donkerbruin is (de kleur van pindakaas of iets donkerder). Pas op dat u het niet verbrandt.

Voeg de uien, de witte delen van de groene uien, de paprika en de bleekselderij toe en kook al roerend tot ze glazig zijn. Voeg de knoflook toe en bak nog een minuutje. Voeg de worst, tomaten en tomatenpuree toe en kook nog eens 5 minuten. Roer er geleidelijk de bouillon door.

Voeg alle kruiden toe behalve de peterselie. Breng aan de kook en zet dan het vuur laag. Dek af en kook ongeveer 1 uur en 20 minuten, af en toe roerend en het vet eraf scheppend. Voeg de garnalen, peterselie en groene ui toe, zet het vuur hoger en kook enkele minuten tot de garnalen roze worden. Proef om op smaak te komen en verwijder de laurierblaadjes.

Serveer in kommen over de gekookte rijst.

18. Cajun Kip Gumbo

MAAKT 6-8 PORTIES

INGREDIËNTEN

1 kip (5 tot 6 pond).

Zout, versgemalen zwarte peper en cayennepeper, naar smaak

3/4 kop plantaardige olie, verdeeld

Andouille-worst van 1/2 pond, in stukken van 1/2-inch gesneden

Tasso van 1/2 pond, in stukken van 1/2-inch gesneden

3/4 kopje bloem voor alle doeleinden

2 middelgrote uien, gehakt

6 groene uien, gehakt, witte en groene delen gescheiden

1 groene paprika, fijngesneden

3 stengels bleekselderij, fijngesneden

1 eetlepel gehakte knoflook

6 1/2 kopjes kippenbouillon of water, of een combinatie van beide

3 laurierblaadjes

Creoolse kruiden, naar smaak

3 eetlepels fijngehakte platte peterselie

Gekookte langkorrelige witte rijst, om te serveren

Snijd de kip in stukjes zoals je een kip zou snijden. Omdat de borst groot is, snijdt u deze in 3 stukken. Gebruik de ruggengraat en eventuele ingewanden, behalve de lever. Spoel, droog en bestrooi rijkelijk aan alle kanten met zout en peper.

Gebruik een zeer grote, zware pan, verwarm 1/4 kopje olie en bak de kip aan alle kanten goed bruin. Haal de kip uit de pot en zet opzij.

Voeg de resterende olie en de bloem toe aan de pan en roer constant op hoog vuur tot de roux lichtbruin kleurt. Zet het vuur laag en kook, onder voortdurend roeren, tot de roux donkerbruin is (de kleur van melkchocolade of iets donkerder).

Zet het vuur laag; voeg de uien, de witte delen van de groene uien, de paprika, de selderij en de knoflook toe en bak tot ze glazig zijn. Roer geleidelijk de bouillon en/of het water erdoor. Voeg de laurierblaadjes toe en breng op smaak met creoolse kruiden, dek af en laat 3 uur sudderen, af en toe roeren. Schep terwijl de gumbo kookt het vet van het oppervlak. U mag maximaal 1 kopje vet afromen.

Als de gumbo gaar is en de kip gaar is, verwijder je de laurierblaadjes en roer je de topjes van de groene ui en de peterselie erdoor. Serveer in kommen over de rijst.

19. Kwartel Gumbo

MAAKT 8 PORTIES

INGREDIËNTEN

8 verse kwartels of bevroren, ontdooid

Zout en versgemalen zwarte peper, naar smaak

1 pond boudin of ongeveer 4 kopjes zelfgemaakte jambalaya (of gebruik een snelle mix zoals Zatarain's of Oak Grove)

3/4 kop plantaardige olie

3/4 kopje bloem voor alle doeleinden

1 grote ui, gesnipperd

3 groene uien, gehakt, witte en groene delen gescheiden

1 groene paprika, fijngesneden

4 grote teentjes knoflook, fijngehakt

1/4 pond tasso of andouille (of andere rook) worst, in hapklare stukjes gesneden

2 eetlepels tomatenpuree

6 kopjes zelfgemaakte of ingeblikte kippenbouillon

1 theelepel gedroogde tijm

3 laurierblaadjes

1/2 theelepel Creoolse kruiden

1/2 theelepel selderijzout

3 eetlepels fijngehakte platte peterselie

Spoel de kwartel af en verwijder eventueel achtergebleven veren. Goed afdrogen en bestrooien met zout en peper van binnen en van buiten. Als je boudin gebruikt, haal deze dan uit de omhulsels. Vul elke kwartel met ongeveer 4 eetlepels boudin of jambalaya en knoop een touwtje rond elke kwartel van achteren naar voren, waarbij u de poten kruist om de vulling vast te houden.

Verhit 3 eetlepels olie in een brede, zware pan en bak de kwartels voorzichtig aan alle kanten lichtjes aan, waarbij u ze heen en weer beweegt om te voorkomen dat de schil blijft plakken. Haal de kwartel uit de pan en zet opzij.

Voeg de resterende olie en de bloem toe aan de pan en roer constant op middelhoog vuur tot de roux bruin begint te worden. Verlaag het vuur tot medium en kook, onder voortdurend roeren, tot de roux de kleur heeft van pindakaas.

Zet het vuur laag en voeg de uien en de witte delen van de groene uien toe, laat ze ongeveer 5 minuten karamelliseren. Voeg de paprika toe en kook tot deze geslonken is. Voeg de knoflook toe en bak nog 1 minuut. Voeg de tomatenpuree en de tasso toe en kook nog een paar minuten. Roer geleidelijk de bouillon erdoor, gevolgd door alle smaakmakers behalve de topjes van de groene ui en peterselie. Breng aan de kook en zet dan het vuur laag tot middelhoog.

Doe de kwartel terug in de pan, dek af en laat 30 minuten sudderen. Als je klaar bent, voeg je de toppen van de groene ui toe en verwijder je de laurierblaadjes.

Leg voor het serveren 1 kwartel in elke kom gumbo en bestrooi met peterselie.

20. Gumbo z'Herbes

MAAKT 8 PORTIES

INGREDIËNTEN

1 klein hambot of 1/2 pond gerookte hamblokjes

1 pint gepelde oesters met hun drank

1/2 kopje plantaardige olie

1/2 kopje bloem voor alle doeleinden

1 grote ui, gesnipperd

3 groene uien, gehakt

3 stengels bleekselderij, fijngesneden

3 teentjes knoflook, gehakt

1/2 theelepel Creoolse kruiden

3 laurierblaadjes

1/2 theelepel gedroogde tijm

1 eetlepel suiker

2 kopjes schoongemaakte en grof gehakte mosterdgroenten

2 kopjes schoongemaakte en grof gesneden raapstelen

4 kopjes schoongemaakte en grof gesneden boerenkool

4 kopjes spinazie

1 bosje platte peterselie

1/2 kleine kool, gehakt of versnipperd

2 kopjes andijvie, in stukjes gescheurd

Zout en versgemalen zwarte peper, naar smaak

Gekookte langkorrelige witte rijst, om te serveren

Als u een hambot gebruikt, laat het dan 2 uur sudderen in een grote pan in 2 liter water, afgedekt, of tot het vlees bijna van het bot valt. Als het voldoende is afgekoeld om te hanteren, haal je het vlees van het bot en zet je het opzij. Gooi het bot weg en bewaar de bouillon (je hebt ongeveer 7 kopjes nodig).

Zeef de oesters, bewaar hun drank en controleer op schelpfragmenten. Je zou ongeveer 1/2 kopje sterke drank moeten hebben.

Meng de olie en bloem in een zeer grote, zware pan en roer op hoog vuur tot de roux bruin begint te worden. Verlaag het vuur tot medium en kook, onder voortdurend roeren, tot de roux de kleur van melkchocolade krijgt. Voeg onmiddellijk de uien toe en laat sudderen tot ze gekarameliseerd zijn. Voeg de bleekselderij en knoflook toe en laat nog een minuutje sudderen.

Roer de gereserveerde hambouillon, oesterlikeur (ongeveer 1/2 kop), Creoolse kruiden, laurierblaadjes, tijm, suiker, gereserveerde ham of hamblokjes en groenten erdoor en breng op smaak met zout en peper. Sudderen, afgedekt, gedurende ongeveer 1 uur. Voeg de oesters toe en kook tot ze krullen, ongeveer 1 minuut. Proef en pas de smaakmakers aan. Zet het vuur uit en verwijder de laurierblaadjes.

Serveer in Gumbo-kommen over de rijst.

21. File Gumbo

MAAKT 6-8 PORTIES

INGREDIËNTEN

2 pond garnalen in schelpen met koppen

1/2 kopje plantaardige olie of spekdruppels

1/2 kopje bloem voor alle doeleinden

1 ui, gesnipperd

1 groene paprika, fijngesneden

3 teentjes knoflook, gehakt

2 eetlepels tomatenpuree

2 laurierblaadjes

1/2 theelepel zout, of naar smaak

1/2 theelepel versgemalen zwarte peper, of naar smaak

1/2 theelepel cayennepeper, of naar smaak

2 eetlepels filépoeder

1 pond jumbo forfaitair krabvlees

Gekookte langkorrelige witte rijst, om te serveren

Onthoofd, pel en ontdarm de garnalen, plaats de koppen en schelpen in een middelgrote pot. Voeg voldoende water toe om de schelpen met minstens 5 cm te bedekken en breng aan de kook. Dek af, zet het vuur lager en laat 30 minuten sudderen. Zeef de bouillon, als hij iets is afgekoeld, in een grote maatbeker en gooi de schelpen weg. Voeg indien nodig voldoende water toe aan de bouillon om 5 kopjes vloeistof te maken. Opzij zetten.

Combineer de olie en bloem in een grote, zware pan. Roer constant op hoog vuur tot de bloem bruin begint te worden. Zet het vuur laag en roer constant tot de roux donkerbruin wordt.

Voeg de uien en paprika toe en bak tot ze geslonken zijn. Voeg de knoflook toe en bak nog een minuutje. Roer de tomatenpuree erdoor en laat 5 minuten sudderen, af en toe roeren. Roer geleidelijk de garnalenbouillon erdoor. Voeg alle kruiden behalve de filet toe, dek af en laat 30 minuten op laag vuur sudderen.

Voeg de garnalen toe en laat 3 minuten koken als de garnalen klein zijn of 7 minuten als ze groot zijn. Zet het vuur uit. Als je alle gumbo direct serveert, voeg dan de filet toe en meng goed. (Als dat niet het geval is, bewaar dan de filet om toe te voegen aan individuele kommen.) Roer voorzichtig het krabvlees erdoor.

Serveer in kommen over de hete rijst. Als je het filé niet hebt toegevoegd, voeg dan 1/2-3/4 theelepel toe aan elke kom, afhankelijk van de grootte van de kommen.

22. Meerval Gumbo

MAAKT 6-8 PORTIES

INGREDIËNTEN

3 pond meervalnuggets, verdeeld

1/2 kopje canola of andere plantaardige olie

1/2 kopje bloem voor alle doeleinden

1 grote ui, gesnipperd, schillen en garnituren gereserveerd

1 groene paprika, fijngesneden, zaden en garnituren gereserveerd

2 stengels bleekselderij, fijngehakt

6 groene uien, gehakt, witte en groene delen gescheiden

3 grote teentjes knoflook, fijngehakt

1 (10-ounce) blik originele Ro-tel-tomaten met pepers

2 kopjes gehakte verse of ingeblikte tomatenblokjes

3 kopjes voorraad

1/2 kopje witte wijn

3 laurierblaadjes

1/2 theelepel gedroogde tijm

1 theelepel vers citroensap

1/2 theelepel Worcestershire-saus

1 1/2 theelepel Creoolse kruiden

Zout en versgemalen peper, naar smaak

2 eetlepels fijngehakte platte peterselie

Gekookte langkorrelige witte rijst, om te serveren

Snijd 2 pond van de meervalklompjes in blokjes van 1 inch en zet apart. Doe de resterende nuggets in een kleine pan met 4 kopjes water en de afsnijdsels van de groenten om bouillon te maken. Dek af en laat 45 minuten sudderen. Zeef de bouillon in een grote maatbeker en gooi de vaste stoffen weg.

Verhit de olie in een grote, zware pan. Voeg de bloem toe en roer constant op middelhoog vuur om een medium-donkere roux te maken met de kleur van pindakaas. Voeg de ui, de witte delen van de groene uien, de paprika en de bleekselderij toe en kook tot ze geslonken zijn. Voeg de knoflook toe en bak nog 1 minuut.

Voeg de tomaten, 3 kopjes bouillon, de wijn, laurierblaadjes, tijm, citroensap, Worcestershire-saus en Creoolse kruiden toe en breng op smaak met zout en peper. Aan de kook brengen. Zet het vuur lager, dek af en laat 30 minuten sudderen, af en toe roeren.

Voeg de in blokjes gesneden meerval toe en breng aan de kook. Zet het vuur lager en laat sudderen tot de vis gaar is, ongeveer 5 minuten. Verwijder de laurierblaadjes en voeg de peterselie en groene ui toe. Dek af en laat de gumbo ongeveer een uur rusten.

Verwarm de gumbo opnieuw en serveer in kommen over de rijst.

23. Kool Gumbo

MAAKT 4-6 PORTIES

INGREDIËNTEN

1 grote kool (ongeveer 3 pond)

4 dikke plakken ontbijtspek

1/4 kopje plantaardige olie (min of meer naar behoefte)

1/2 kopje bloem voor alle doeleinden

1 ui, gesnipperd

1 groene paprika, fijngesneden

2 stengels bleekselderij, fijngehakt

3 grote teentjes knoflook, fijngehakt

Zout en versgemalen zwarte peper, naar smaak

1 theelepel suiker

3 laurierblaadjes

1 theelepel Creoolse kruiden

8 kopjes water

1 (10-ounce) blik originele Ro-tel-tomaten met groene pepers

2 kleine gerookte ham spronggewrichten

Gekookte langkorrelige witte rijst, om te serveren

Snijd de kool in hapklare stukjes; afspoelen, afgieten en opzij zetten.

Bak het spek knapperig in een grote, zware pan. Haal het spek uit de pot en reserveer. Giet het spekvet voorzichtig in een grote maatbeker en voeg voldoende olie toe om 1/2 kopje te maken. Doe het vet terug in de pan en voeg de bloem toe; roer constant op middelhoog vuur om een lichtbruine of butterscotch-gekleurde roux te maken.

Voeg de uien, paprika en selderij toe en bak tot ze geslonken zijn. Voeg de knoflook toe en fruit nog een minuutje. Roer de overige ingrediënten en de kool erdoor en breng aan de kook. Zet het vuur lager, dek af en laat 1 uur sudderen, af en toe roeren.

Serveer in kommen over de rijst en garneer met verkruimeld achtergehouden spek. Serveer hete saus ernaast.

24. Turkije Gumbo

MAAKT 6-8 PORTIES

INGREDIËNTEN

1 of meer kalkoenkarkassen en overgebleven kalkoen

1/2 kopje plantaardige olie

1/2 kopje bloem voor alle doeleinden

1 ui, gesnipperd

1 bos groene uien, gehakt

3 stengels bleekselderij, fijngesneden

3 teentjes knoflook, gehakt

Overgebleven kalkoenjus (optioneel)

2 laurierblaadjes

1/2 theelepel gedroogde tijm

Zout, creoolse kruiden en versgemalen zwarte peper naar smaak

1/2 pond andouille (of andere rookworst), in hapklare stukjes gesneden

1 pint gepelde oesters (optioneel)

3 eetlepels fijngehakte platte peterselie

Gekookte langkorrelige witte rijst, om te serveren

Verwijder al het vlees van het kalkoenkarkas. Snijd in stukjes, samen met de overgebleven kalkoen. Opzij zetten.

Doe de kalkoenbotten in een soeppan, bedek ze met water en breng aan de kook. Zet het vuur laag, dek af en laat 1 uur sudderen. Als het voldoende is afgekoeld om te hanteren, zeef je de bouillon in een grote maatbeker en gooi je de botten weg. Als u oesters gebruikt, zeef dan de oestervloeistof in de bouillon. Voeg indien nodig water toe om minstens 8 kopjes vloeistof te maken. Opzij zetten.

Verhit de olie in een grote, zware pan op middelhoog vuur. Voeg de bloem toe en roer constant tot de roux bruin begint te worden. Verlaag het vuur tot medium en kook, onder voortdurend roeren, tot de roux de kleur van pindakaas wordt.

Voeg de uien en bleekselderij toe en laat op laag vuur glazig worden. Voeg de knoflook toe en bak nog een minuutje. Voeg 8 kopjes bouillon toe (of meer als je de voorkeur geeft aan een dunnere gumbo; als je overgebleven kalkoenjus hebt, voeg deze dan nu toe).

Voeg alle kruiden toe (behalve de peterselie) en de worst; dek af en laat 30 minuten sudderen. Voeg het kalkoenvlees en de oesters toe, indien gebruikt, en kook tot de oesters krullen, 1-2 minuten. Verwijder de laurierblaadjes en pas de smaakmakers aan. Voeg de peterselie toe en serveer in kommen over de rijst.

25. Roux-minder Gumbo

MAAKT 6-8 PORTIES

INGREDIËNTEN

2 pond middelgrote garnalen in schelpen met koppen of 1 pond gepelde en ontdarmde bevroren garnalen, ontdooid

3 kopjes gesneden verse okra of 3 kopjes bevroren gesneden okra, ontdooid

1 pond kippendijen zonder botten, in stukjes van 1 inch gesneden

Creoolse kruiden voor het bestrooien van kip plus 1/2 theelepel

1 theelepel plus 3 eetlepels plantaardige olie

1 grote ui, gesnipperd

1 groene paprika, fijngesneden

1 bos groene uien, gehakt, groene en witte delen gescheiden

2 stengels bleekselderij, fijngehakt

3 teentjes knoflook, gehakt

1 (15-ounce) kan geplette tomaten

4 kopjes garnalen en/of kippenbouillon

1/2 theelepel zout

10 malen op een zwarte pepermolen

1 theelepel selderijzout

1 flinke eetlepel gehakte platte peterselie

1 eetlepel filépoeder

Gekookte langkorrelige witte rijst, om te serveren

Als u verse garnalen gebruikt, verwijdert u de koppen en schalen en ontdarmt u de garnalen. Plaats de schelpen en koppen in een middelgrote pan, voeg voldoende water toe om de schelpen met minstens 5 cm te bedekken en breng aan de kook. Dek af, zet het vuur laag en laat 30 minuten sudderen. Zeef de bouillon, als hij iets is afgekoeld, in een grote maatbeker en gooi de schelpen weg. Je hebt 4 kopjes bouillon nodig. Reserveer de rest voor later gebruik.

Verhit 1 theelepel olie in een koekenpan op middelhoog vuur en voeg de okra toe. Kook, vaak draaiend, tot alle slijm uit de okra is verwijderd. Opzij zetten.

Bestrooi de kip aan alle kanten met creoolse kruiden. Verhit de resterende olie in een grote, zware pan en bak de stukken kip in 2 porties aan alle kanten bruin. Leg de kip op een bord.

Voeg de ui, de witte delen van de groene uien, de paprika en de bleekselderij toe aan de pan en bak tot ze glazig zijn. Voeg de knoflook toe en fruit nog een minuutje.

Doe de kip terug in de pan en voeg de okra, tomaten, bouillon, resterende Creoolse kruiden, zout, peper en selderijzout toe. Dek af en laat 30 minuten sudderen.

Voeg de garnalen, groene uien en peterselie toe en kook 5-10 minuten langer, of tot de garnalen net roze zijn. Voeg de filet toe aan de pot als je van plan bent om alle gumbo te serveren. Serveer in kommen over de rijst. Als je het filé niet hebt toegevoegd, voeg dan 1/2-3/4 theelepel toe aan elke kom.

26. Eend en Andouille Gumbo

MAAKT 6-8 PORTIES

INGREDIËNTEN

1 (6 pond) eendje

2 uien, 1 in vieren gesneden en de andere gesnipperd

4 stengels bleekselderij, 2 in stukjes gesneden en de andere 2 in stukjes

4 laurierblaadjes, verdeeld

Versgemalen zwarte peper, naar smaak

1 pond andouilleworst, in hapklare stukjes gesneden

3/4 kop plantaardige olie

1 kopje bloem voor alle doeleinden

1 bos groene uien, gehakt, witte en groene delen gescheiden

1 groene paprika, fijngesneden

4 teentjes knoflook, fijngehakt

1/2 theelepel gedroogde tijm

1/2 theelepel Creoolse kruiden

1/4 theelepel cayennepeper

1 eetlepel worcestershiresaus

Zout, naar smaak

1/2 kop gehakte bladpeterselie

Gekookte langkorrelige witte rijst, om te serveren

Spoel de eend af en verwijder eventueel overtollig vet. Plaats de eend in een grote pan en bedek met water. Voeg de in vieren gesneden ui, stukjes bleekselderij, 2 van de laurierblaadjes en verschillende malen op een pepermolen toe. Aan de kook brengen. Zet het vuur laag en laat sudderen tot de eend gaar is, ongeveer 45 minuten. Haal de eend uit die pan en laat rusten tot hij voldoende afgekoeld is om te hanteren. Ontbeen de eend en snijd het vlees in hapklare stukjes. Zet het vlees opzij.

Doe de botten terug in de pan en laat 1 uur sudderen. Zeef de bouillon in een grote kom en laat afkoelen. Zet in de koelkast tot het vet hard wordt en schuim af en gooi het vet weg.

Bak de worst in een grote koekenpan op middelhoog vuur bruin. Opzij zetten.

Verhit de olie in een grote, zware pan op hoog vuur; voeg de bloem toe en roer constant tot de roux bruin begint te worden. Zet het vuur laag tot medium of medium-laag en kook, onder voortdurend roeren, tot de roux de kleur heeft van pure chocolade.

Voeg de gesnipperde ui, de witte delen van de groene uien, de selderij en de paprika toe en kook al roerend tot ze geslonken zijn. Voeg de knoflook toe en bak nog een minuutje. Roer geleidelijk 6 kopjes bouillon erdoor. (Als je extra bouillon hebt, vries deze dan in voor een ander gebruik.) Voeg de resterende laurierblaadjes en de tijm, Creoolse kruiden, cayennepeper en Worcestershire-saus toe en breng op smaak met zout.

Voeg de worst en eend toe en laat sudderen, afgedekt, tot de eend gaar is, ongeveer 1 uur. Roer de peterselie en de toppen van de groene ui erdoor.

Serveer in kommen over de rijst met hete saus en warm stokbrood erbij.

27. Gestoofde Gans en Foie Gras Jambalaya

MAAKT 4-6 PORTIES

INGREDIËNTEN

1 kop ganzenvlees

6 ons foie gras, gehakt

12 teentjes knoflook, gepeld en gehakt

1 ui, middelgroot in blokjes

2 groene paprika's, medium in blokjes

6 stengels bleekselderij, in middelgrote blokjes

2 laurierblaadjes

1 theelepel cayennepeper

4 eetlepels koosjer zout, of naar smaak

1/2 kopje rode wijn

2 kopjes rijst

4 kopjes gevogeltebouillon

1 eetlepel gehakte verse salie

1 eetlepel gehakte verse tijm

Bak het ganzenvlees in een middelgrote koekenpan op hoog vuur al roerend tot het bruin is. Zet het vuur laag, voeg een kleine hoeveelheid water toe, dek goed af en kook tot het vlees gaar is, ongeveer 1-2 uur.

Zet een braadpan met dikke bodem op middelhoog vuur. Voeg de foie gras toe aan de pan en roer om te smelten gedurende 5 seconden. Voeg de knoflook, ui, paprika, selderij, laurierblaadjes, cayennepeper en zout toe. Roer gelijkmatig met een houten lepel gedurende 3-5 minuten of tot de ui glazig is en de groenten zacht zijn en bruin beginnen te worden.

Voeg de wijn toe en roer constant om de pan te blussen, zodat de vloeistof volledig kan verdampen.

Voeg het vlees, de rijst en de bouillon toe en breng de jambalaya aan de kook. Zet het vuur lager, dek de pan af en kook gedurende 10 minuten. Zet het vuur uit, houd de pan afgedekt en blijf stomen tot de rijst helemaal gaar is. Maak de rijst los met een vork en voeg de salie en tijm toe.

28. Zwarte Jambalaya

MAAKT 10-12 PORTIES

INGREDIËNTEN

1/4 kopje plantaardige olie

1 pond Louisiana rookworst, zoals andouille, chaurice of groene ui, gesneden in 1/4-inch dikke rondjes

1 grote ui, in blokjes

3 stengels bleekselderij, in blokjes

2 poblano-paprika's, in blokjes

1/4 kopje gehakte knoflook

1/2 pond gerookte varkensrug (zie opmerking)

1/2 pond gerookte kippendijen (zie opmerking)

1 (12-ounce) blik erwten met zwarte ogen

4 kopjes bouillon, bij voorkeur varkensvlees (zie opmerking)

2 eetlepels gehakte verse oregano

2 eetlepels fijngehakte platte peterselie

2 eetlepels gehakte verse tijm

1 eetlepel koosjer zout

1 theelepel versgemalen zwarte peper

1 theelepel cayennepeper

2 kopjes Uncle Ben's langkorrelige rijst

Verhit de olie in een grote, zware pan, bij voorkeur zwart gietijzer, op middelhoog vuur. Voeg de worst toe en kook tot hij krult. Voeg de uien, selderij, paprika en knoflook toe en bak tot ze glazig zijn. Voeg het varkensvlees toe en kook 5 minuten, onder regelmatig roeren. Voeg de kip toe en bak nog 5 minuten. Voeg de black-eyed peas toe en kook nog 5 minuten.

Bouillon toevoegen en aan de kook brengen. Voeg de kruiden en smaakmakers toe en vervolgens de rijst en breng aan de kook. Dek af en kook op laag vuur tot de rijst gaar is, ongeveer 30 minuten.

LET OP * Als je het varkensvlees of de kip niet wilt roken, kun je het stoven. Om het varkensvlees te smoren, wrijft u het in met zout en peper en bruint u het aan alle kanten in een zwarte ijzeren koekenpan, en kookt u het vervolgens in water op het fornuis of in de oven tot het vlees van het bot valt. Het kookvocht kun je dan gebruiken voor de bouillon. Om de kip te bereiden, wrijf je hem in met zout en peper en bruin je hem aan alle kanten op hoge temperatuur tot hij karamelliseert en voor 75 procent gaar is voordat je hem in hapklare stukjes aan de jambalaya toevoegt.

29. Kip, Garnalen en Worst Jambalaya

MAAKT 6-8 PORTIES

INGREDIËNTEN

1 kip, in 10 stukken gesneden, de borst in vieren splitsen Zout, versgemalen zwarte peper en Creoolse kruiden, naar smaak

1/4 kopje plantaardige olie

1 pond rookworst, bij voorkeur varkensvlees, in rondjes van 1/4-inch dik gesneden

1 grote ui, gesnipperd

6 groene uien, gehakt, groene en witte delen gescheiden

1 groene paprika, fijngesneden

2 stengels bleekselderij, fijngehakt

4 teentjes knoflook, fijngehakt

3 kopjes water, of meer indien nodig

1/2 theelepel zout

1/2 theelepel versgemalen zwarte peper

1 eetlepel Creoolse kruiden

1 1/2 kopjes langkorrelige witte rijst

2 pond garnalen, gepeld en ontdaan van darmen, of 1 pond middelgrote gepelde en ontdaande bevroren garnalen, ontdooid

1/3 kop gehakte Italiaanse bladpeterselie

Spoel de stukken kip af en dep ze droog. Kruid aan alle kanten met zout, versgemalen zwarte peper en creoolse kruiden. Verhit de olie in een grote, zware pan. Als het heet is, bak je de kip aan alle kanten bruin en leg je hem op keukenpapier. Bak de worst bruin en haal hem uit de pan.

Voeg indien nodig voldoende extra olie toe om de bodem van de pot te bedekken. Voeg de ui, het wit van de groene uien, de paprika en de bleekselderij toe en bak tot ze glazig zijn. Voeg de knoflook toe en fruit nog een minuutje. Voeg het water en de kruiden toe en breng op hoog vuur aan de kook. Voeg de rijst toe, dek af en zet het vuur laag. Laat 20 minuten sudderen. Roer voorzichtig de garnalen erdoor (op dit punt moet er nog wat vloeistof op de bodem van de pot zitten. Zo niet, voeg dan 1/4 kopje water toe voor vocht terwijl de garnalen koken), de topjes van de groene ui en de peterselie en laat sudderen Nog 10 minuten, of totdat het water is opgenomen. Roer voorzichtig om de ingrediënten niet te breken.

Serveer warm met warm stokbrood en salade en Louisiana hot sauce on the side.

30. Langoesten en Worst Jambalaya

MAAKT 8-10 PORTIES

INGREDIËNTEN

3 eetlepels plantaardige olie

1 middelgrote ui, gehakt

1 bos groene uien, gehakt, witte en groene delen gescheiden

1 groene paprika, fijngesneden

2 stengels bleekselderij, fijngehakt

3 teentjes knoflook, gehakt

1 pond rookworst, gesneden in 1/4-inch dikke rondjes

1 (14,5-ounce) blik tomatenblokjes

1 eetlepel tomatenpuree

3 kopjes visbouillon, bij voorkeur, of kippenbouillon of water

1/2 theelepel gedroogde tijm

1/4 theelepel Creoolse kruiden

1/2 theelepel zout

1/2 theelepel versgemalen zwarte peper

1 theelepel Worcestershire-saus

1 1/2 kopjes rijst

1 pond langoestenstaarten uit Louisiana met vet

2 eetlepels fijngehakte platte peterselie

Verhit de olie in een grote, zware pan. Voeg de ui, het wit van de groene uien, de paprika en de bleekselderij toe en bak tot ze glazig zijn. Voeg de knoflook en de worst toe en bak nog een paar minuten. Voeg de tomaten, tomatenpuree en bouillon toe en breng aan de kook. Voeg de kruiden behalve de peterselie toe, zet het vuur laag, dek af en laat 5 minuten sudderen. Breng terug aan de kook en voeg de rijst toe. Zet het vuur weer lager en laat afgedekt 10 minuten sudderen. Voeg de langoesten en groene ui toe en laat sudderen tot de vloeistof is opgenomen, nog ongeveer 20 minuten. Haal van het vuur en bestrooi met de peterselie.

31. Pastaja

MAAKT 6-8 PORTIES

INGREDIËNTEN

3 eetlepels plantaardige olie zoals canola

1/2 pond rookworst, gesneden in 1/2-inch dikke rondjes

2 kippenborsten zonder bot, zonder vel, in hapklare blokjes gesneden

1 grote ui, gesnipperd

1/2 groene paprika, fijngehakt

2 stengels bleekselderij, fijngehakt

6 groene uien, gehakt

3 grote teentjes knoflook, fijngehakt

1 (14,5-ounce) blik tomatenblokjes

3 kopjes kippenbouillon, zelfgemaakt of ingeblikt

1/2 theelepel gedroogde tijm

1/2 theelepel Creoolse kruiden

Zout en versgemalen zwarte peper, naar smaak

12 ons spaghetti of andere pasta

Verhit de olie tot heet in een grote, zware pan. Bak de worst aan beide kanten bruin op hoog vuur en haal uit de pan. Bak de kipblokjes bruin en haal ze uit de pan. Verlaag het vuur tot middelhoog vuur en fruit de ui, paprika, selderij en groene uien tot ze geslonken zijn. Voeg de knoflook toe en fruit nog een minuutje. Voeg de tomaten en kippenbouillon toe en doe de worst en kip terug in de pan. Sudderen, afgedekt, gedurende 15 minuten.

Voeg de pasta toe en roer deze door de vloeistof. Laat, afgedekt, op middelhoog vuur sudderen, af en toe roeren, nog 15 minuten, of tot de pasta al dente is en het grootste deel van de vloeistof heeft opgenomen.

32. Jambalaya uit de slowcooker

MAAKT 6-8 PORTIES

INGREDIËNTEN

1 1/2 pond kippendijen zonder botten, gespoeld, ontdaan van overtollig vet en in blokjes van 1 inch gesneden

3 schakels Cajun-rookworst (ongeveer 14 ons totaal), gesneden in 1/4-inch dikke rondjes

1 middelgrote ui, gehakt

1 groene paprika, fijngesneden

1 stengel bleekselderij, fijngehakt

3 teentjes knoflook, gehakt

2 eetlepels tomatenpuree

1 theelepel Creoolse kruiden

1 theelepel zout

1/2 theelepel versgemalen zwarte peper

1/2 theelepel Tabasco-saus

1/2 theelepel Worcestershire-saus

2 kopjes kippenbouillon

1 1/2 kopjes langkorrelige rijst

2 pond middelgrote garnalen, gepeld en ontdaan (optioneel)

Doe alle ingrediënten (behalve de garnalen, indien gebruikt) in een slowcooker. Roer door elkaar, dek af en kook 5 uur op laag vuur.

Als je garnalen gebruikt, roer ze er dan voorzichtig door na de 5 uur koken en kook op hoog gedurende 30 minuten tot 1 uur langer, of tot de garnalen gaar maar niet te gaar zijn.

LAGNIAPPE

33. Langoesten Bisque

VOOR 4 PORTIES

INGREDIËNTEN

3 eetlepels plus 1/2 kopje plantaardige olie, verdeeld

2 pond verse langoestenstaarten, verdeeld, of 2 bevroren (1 pond) pakketten, ontdooid, verdeeld

1 ui, gehakt en verdeeld

1 bos groene uien, gehakt en verdeeld

1 groene paprika, gehakt en verdeeld

3 teentjes knoflook, fijngehakt en verdeeld

3/4 theelepel zout, verdeeld

3/4 theelepel versgemalen zwarte peper, verdeeld

3/4 theelepel Creoolse kruiden, verdeeld

2 kopjes broodkruimels, gemaakt in een keukenmachine van oud stokbrood

1 ei, losgeklopt

2/3 kop plus 1/2 kop bloem voor alle doeleinden, verdeeld

5 kopjes visbouillon of water

2 eetlepels tomatenpuree

Snufje cayennepeper, of naar smaak

2 kopjes gekookte langkorrelige witte rijst

2 eetlepels fijngehakte platte peterselie

Verwarm de oven tot 350 °. Spuit een grote bakplaat in met anti-aanbakspray en zet opzij.

Verhit 3 eetlepels olie in een grote koekenpan en fruit de helft van de uien, groene uien, paprika en knoflook. Voeg 1 pond langoesten toe en bak 5 minuten. Doe het mengsel in een keukenmachine en maal het tot de consistentie van gemalen vlees. Doe het mengsel in een kom en voeg 1/4 theelepel zout, 1/4 theelepel peper, 1/4 theelepel Creoolse kruiden, de paneermeel en het ei toe en meng goed.

Doe 2/3 kopje bloem in een ondiepe ovenschaal. Rol het mengsel in balletjes van 1 inch. Rol de balletjes door de bloem en leg ze op de bakplaat. Bak, draai de ballen meerdere keren, tot ze overal lichtbruin zijn, ongeveer 35 minuten. Opzij zetten.

Verhit de resterende olie in een middelgrote, zware pan op middelhoog vuur. Voeg de resterende bloem toe, onder voortdurend roeren, tot het een pindakaaskleur krijgt. Voeg de resterende uien, paprika en knoflook toe en kook tot ze glazig zijn. Voeg de bouillon of het water, de tomatenpuree, het resterende zout, peper en Creoolse kruiden en de cayennepeper toe en laat afgedekt 15 minuten sudderen.

Hak de resterende langoestenstaarten fijn en voeg toe aan de bisque en laat 15 minuten koken. Mix voor een gladde bisque met een staafmixer. Voeg de langoestenballetjes toe en laat nog 5 minuten sudderen.

Serveer in kommen over de rijst. Bestrooi met peterselie.

34. Langoesten Étouffée

MAAKT 8-10 PORTIES OF GENOEG VOOR EEN MENIGTE BIJ EEN FEESTBUFFET

INGREDIËNTEN

3/4 kopje boter of plantaardige olie

3/4 kopje bloem voor alle doeleinden

1 grote ui, gesnipperd

1 bos groene uien, gehakt, witte en groene delen gescheiden

1 groene paprika, fijngesneden

3 stengels bleekselderij, fijngesneden.

4 grote teentjes knoflook, fijngehakt

3 eetlepels tomatenpuree

6 kopjes visbouillon of water (zie opmerking)

1/2 theelepel gedroogde tijm

3 laurierblaadjes

1 theelepel Creoolse kruiden

1 theelepel zout

1 eetlepel vers citroensap

Cayennepeper en versgemalen zwarte peper, naar smaak

2-3 pond langoestenstaarten met vet

3 eetlepels fijngehakte platte peterselie

Gekookte langkorrelige witte rijst, om te serveren

Smelt de boter in een grote, zware pan of verwarm de olie op middelhoog vuur. Voeg de bloem toe en roer constant. Als u boter gebruikt, kook dan de roux totdat deze een blonde of gouden kleur krijgt. Als u olie gebruikt, blijf dan koken en roeren tot de roux mediumbruin is. Voeg de uien, de witte delen van de groene uien, de paprika, de selderij en de knoflook toe en bak al roerend tot ze glazig zijn.

Voeg de tomatenpuree, bouillon of water, tijm, laurierblaadjes, Creoolse kruiden, zout en citroensap toe, breng op smaak met cayennepeper en peper en breng aan de kook. Zet het vuur lager, dek af en laat 20 minuten sudderen, af en toe roeren en eventueel vet van de bovenkant afscheppen. Voeg de langoesten, peterselie en groene ui toe, breng aan de kook, zet het vuur lager en laat 10 minuten sudderen. Verwijder de laurierblaadjes.

Als je klaar bent om te serveren, verwarm dan zachtjes en serveer over de rijst.

35. Langoesten Taarten

MAAKT 5 (5-INCH) INDIVIDUELE TAARTEN

INGREDIËNTEN

Genoeg deeg voor vier 9-inch taarten (in de winkel gekocht is prima)

2 pond langoestenstaarten met vet, verdeeld

6 eetlepels boter

6 eetlepels bloem voor alle doeleinden

2 middelgrote uien, gehakt

1 groene paprika, fijngesneden

4 teentjes knoflook, fijngehakt

2 kopjes half om half

4 eetlepels sherry

2 eetlepels vers citroensap

1 theelepel zout

15 slagen op een zwarte pepermolen

1 theelepel cayennepeper

4 eetlepels fijngehakte platte peterselie

1 eiwit, losgeklopt

Verwarm de oven voor op 350 °.

Rol het taartdeeg uit tot een dikte van 1/8 inch. Je zou genoeg deeg moeten hebben voor vijf taarten met dubbele korst van 5 inch. Om de juiste maat voor de bodemkorstjes te krijgen, plaatst u een van de pannen ondersteboven op het deeg en snijdt u het deeg 2,5 cm van de rand van de pan af. De bovenste korsten moeten op 5 inch worden gesneden voor de beste pasvorm. Plaats de onderste korstjes in de taartvormen en houd de bovenste korstjes koud in de koelkast.

Hak de helft van de langoestenstaarten in een keukenmachine tot ze bijna gemalen zijn. Laat de anderen heel.

Smelt de boter in een middelgrote, zware pan of grote koekenpan op middelhoog vuur. Voeg de bloem toe en roer constant tot de roux lichtbruin is. Voeg de ui en paprika toe en fruit ongeveer 5 minuten. Voeg de knoflook toe en fruit nog 1 minuut. Voeg de helft en de helft, sherry, citroensap, zout, peper, cayennepeper en peterselie toe en kook 5 minuten. Voeg de gesneden en hele langoesten toe en kook nog 5 minuten.

Vul elk van de voorbereide taartschalen met ongeveer 1 kopje van de langoestenvulling. Bedek met de bovenste korsten en plooi de randen. Snijd een aantal inkepingen in de bovenste korst en bestrijk met het eiwit. Leg de taarten op bakplaten en bak tot de vulling bubbelt en de korstjes goudbruin zijn, ongeveer 1 uur.

36. Vuile Rijst

MAAKT 8-10 PORTIES

INGREDIËNTEN

3 kopjes water

1 1/2 kopjes langkorrelige witte rijst

1/4 plus 1 theelepel zout, verdeeld

2 eetlepels plantaardige olie

1 ui, gesnipperd

6 groene uien, gehakt, witte en groene delen gescheiden

1 groene paprika, fijngesneden

2 stengels bleekselderij, fijngehakt

3 teentjes knoflook, gehakt

1 pond rundergehakt

1 pond kippenlevers, gehakt

1/2 theelepel versgemalen zwarte peper

1/2 theelepel cayennepeper

1/3 kopje gehakte bladpeterselie

Breng het water aan de kook in een middelgrote pan. Voeg de rijst en 1/4 theelepel zout toe. Zet het vuur laag, dek af en kook tot al het water is opgenomen, ongeveer 20 minuten.

Verhit de olie in een middelgrote, zware pan en fruit de ui, de witte delen van de groene uien, de paprika en de bleekselderij tot ze glazig zijn. Voeg de knoflook toe en fruit nog een minuutje. Voeg het gehakt toe en bruin al roerend. Voeg de kippenlevers toe en blijf koken en roeren tot het vlees en de levers gaar zijn, ongeveer 10 minuten. Voeg de peper en cayennepeper toe, dek af en laat 5 minuten sudderen.

Roer de peterselie en de toppen van de groene ui erdoor. Spatel voorzichtig de rijst erdoor. Serveer met Louisiana hete saus ernaast.

37. Eieren Sardou

VOOR 4 PORTIES

INGREDIËNTEN

VOOR DE HOLLANDAISE SAUS

2 grote eidooiers

1 1/2 eetlepel vers citroensap

2 stokjes ongezouten boter

Zout en versgemalen zwarte peper, naar smaak

VOOR DE EIEREN

2 (9-ounce) zakken verse spinazie

1 eetlepel olijfolie

1 theelepel gehakte knoflook

1/3 kopje slagroom

Zout en versgemalen zwarte peper, naar smaak

8 vers gekookte of ingeblikte artisjokbodems

2 eetlepels witte azijn

8 eieren

Doe voor de saus de eidooiers en het citroensap in een blender. Pulseer meerdere keren om te mengen.

Smelt de boter in een glazen kan in de magnetron en zorg ervoor dat het niet kookt. Giet geleidelijk de boter bij het eimengsel en mix tot er een dikke, romige saus ontstaat. Kruid met peper en zout.

Om de eieren te maken, bereidt u de spinazie voor door deze al roerend in de olijfolie in een pan te bakken tot deze geslonken en nog heldergroen is. Roer de room erdoor, breng op smaak met peper en zout en houd warm.

Verwarm de artisjokbodems en houd warm.

Vul een koekenpan of ondiepe pan met 2 1/2 inch water. Voeg de azijn toe en verwarm tot medium heet.

Breek een voor een 4 eieren in een klein kopje en giet ze voorzichtig in het water. Laat de eieren sudderen tot ze boven de vloeistof komen en draai ze dan om met een lepel. Kook tot het eiwit gestold is, maar de dooiers nog vloeibaar zijn. Verwijder met een schuimspaan en dep droog met keukenpapier. Herhaal met de overige eieren.

Schep een portie spinazie op elk van de 4 borden. Leg op elk bord 2 artisjokbodems bovenop de spinazie en leg op elke artisjok een ei. Schep de hollandaisesaus erover en serveer direct.

38. Grutten en Grillades

VOOR 6 PORTIES

INGREDIËNTEN

1 (3-pond) runder- of kalfsbiefstuk, gestampt tot ongeveer 1/4 inch dik

Zout en versgemalen zwarte peper, naar smaak

1 kopje bloem voor alle doeleinden

3/4 kop plantaardige olie, verdeeld

1 grote ui, gesnipperd

1 groene paprika, fijngesneden

1 bos groene uien, gehakt, groene en witte delen gescheiden

3 teentjes knoflook, gehakt

1 grote tomaat, in stukjes

1 eetlepel tomatenpuree

1/2 kopje rode wijn

3 kopjes water

1 theelepel rode wijnazijn

1/2 theelepel gedroogde tijm

1 eetlepel worcestershiresaus

Zout, versgemalen zwarte peper en Creoolse kruiden naar smaak

3 eetlepels fijngehakte platte peterselie

Grits voor 6 personen, gekookt volgens de aanwijzingen op de verpakking

Snijd het rundvlees in stukjes van ongeveer 2 × 3 inch. Kruid beide kanten rijkelijk met zout en peper.

Verhit 1/4 kopje olie in een grote, zware koekenpan en doe de bloem in een ondiepe kom of bord. Haal elk stuk biefstuk door de bloem, schud het teveel eraf en bak aan beide kanten bruin. Leg het vlees op keukenpapier.

Voeg de resterende olie toe aan de koekenpan en fruit de uien, de witte delen van de groene uien, de paprika en de knoflook tot ze glazig zijn. Voeg de tomaat, tomatenpuree, wijn, water, azijn, tijm, Worcestershire-saus en vlees toe en breng op smaak met zout, peper en Creoolse kruiden. Aan de kook brengen. Zet het vuur lager, dek af en laat sudderen tot het vlees zacht is, ongeveer 1 1/2 uur. Voeg de peterselie en groene ui toe en serveer over de grits.

39. Natchitoches vleespasteien

MAAKT ONGEVEER 24

INGREDIËNTEN

2 eetlepels plantaardige olie

1 grote ui, gesnipperd

6 groene uien, gehakt

1 groene paprika, fijngesneden

3 teentjes knoflook, gehakt

1 pond rundergehakt

1 pond gemalen varkensvlees

1 theelepel Creoolse kruiden

1/2 theelepel zout

1/2 theelepel versgemalen zwarte peper

1/4 theelepel cayennepeper

1/4 kopje bloem voor alle doeleinden

1 pakje (2 korsten) gekoelde taartbodems

2 eiwitten, losgeklopt

Verhit de olie in een grote, zware koekenpan. Voeg groenten toe en bak tot ze glazig zijn. Voeg het vlees toe en kook, af en toe roerend, een paar minuten op hoog vuur. Zet het vuur lager en blijf koken, hak het vlees fijn met een lepel, tot het goed bruin is. Voeg de kruiden en bloem toe en laat nog 10 minuten koken. Haal van het vuur. De vulling kan van tevoren worden gemaakt en in de koelkast worden bewaard totdat u klaar bent om hem te gebruiken.

Als je klaar bent om de taarten te maken, verwarm je de oven voor op 350°. Spuit 2 bakplaten in met anti-aanbakspray.

Leg de gekoelde taartbodems op een vlakke ondergrond en rol ze iets dunner uit. Steek met een middelgrote koekjesvormer cirkels uit. Leg een volle eetlepel van de vulling op de ene helft van elke cirkel, laat de rand vrij. Dit wordt de bodem van de taart. Vul een kleine kom met water. Doop een vinger in het water en maak de rand van de onderste helft van het deeg nat en vouw de bovenkant om tot een omslag. Verzegel de randen met de tanden van een vork en plaats de taarten ongeveer 2,5 cm uit elkaar op de voorbereide bakplaten.

Bestrijk de taarten met eiwit en maak een paar kleine inkepingen in de bovenkant van elke taart. Bak tot ze goudbruin zijn.

40. Oester Artisjok Gumbo

MAAKT 6-8 PORTIES

INGREDIËNTEN

3 dozijn gepelde oesters met hun drank, plus extra drank, indien beschikbaar

1 stok boter

1/2 kopje bloem voor alle doeleinden

1 grote ui, gesnipperd

6 groene uien, gehakt, witte en groene delen gescheiden

2 stengels bleekselderij, fijngehakt

4 grote teentjes knoflook, fijngehakt

6 kopjes oesterlikeur en visbouillon (of, in een snuifje, kippenbouillon)

1 (14-ounce) blikje artisjokharten, uitgelekt en in hapklare stukjes gesneden

1/4 theelepel cayennepeper

1 theelepel Creoolse kruiden

1/2 theelepel selderijzout

1 theelepel Worcestershire-saus

Zout en versgemalen zwarte peper, naar smaak

1 kopje half om half

2 eetlepels fijngehakte platte peterselie

Zeef de oesters en bewaar de drank. Controleer de oesters op schelpfragmenten en zet apart.

Smelt de boter in een pan met dikke bodem op laag vuur en voeg de bloem toe, onder voortdurend roeren, tot het dik is en net bruin begint te worden (een blonde roux). Voeg de ui, de witte delen van de groene uien en de bleekselderij toe en bak tot ze geslonken zijn. Voeg de knoflook toe en bak nog een minuut.

Voeg de oesterlikeur, bouillon, artisjokken, cayennepeper, Creoolse kruiden, selderijzout en Worcestershire-saus toe en breng op smaak met zout en peper (begin met slechts een kleine hoeveelheid zout aangezien de oesters zout kunnen zijn). Dek af en laat 10 minuten sudderen. Voeg de helft en de helft toe, breng bijna aan de kook en voeg de oesters toe. Zet het vuur lager en laat enkele minuten sudderen of tot de oesters omkrullen. Zet het vuur uit en roer de topjes van de groene ui en de peterselie erdoor. Pas de smaakmakers aan voor het opdienen.

41. Oesterdressing

MAAKT 8-10 PORTIES

INGREDIËNTEN

1 dag oud stokbrood, in hapklare stukjes gescheurd

3 dozijn gepelde oesters, gezeefd en drank gereserveerd

Oesterlikeur plus genoeg kippen- of kalkoenbouillon om 2 kopjes te maken

1 stok boter

1 ui, gesnipperd

1 bos groene uien, gehakt

3 stengels bleekselderij, fijngesneden

3 teentjes knoflook, gehakt

3 eetlepels fijngehakte platte peterselie

1/2 theelepel zout, of naar smaak

12 toeren op een zwarte pepermolen

1/2 theelepel cayennepeper, of naar smaak

1 theelepel gemalen salie

2 eieren, losgeklopt

Doe het brood in een grote kom, bedek met de bouillon en laat 1 uur weken. Controleer de oesters en verwijder eventuele schelpfragmenten.

Verwarm de oven voor op 350 °. Smelt de boter in een koekenpan en fruit de uien en bleekselderij tot ze glazig zijn. Voeg de knoflook toe en fruit nog een minuutje. Voeg de groenten toe aan het brood, samen met de peterselie, kruiden en eieren. Goed mengen.

Spreid de dressing uit in een ovenschaal van 11 x 13 inch of 2 kleinere en bak tot ze gezwollen en goudbruin is aan de bovenkant, ongeveer 45 minuten.

42. Oester Pot Taart

VOOR 6 PORTIES

INGREDIËNTEN

2 dozijn grote of 3 dozijn kleine gepelde oesters, met hun drank

1 kopje gesneden verse champignons

1 eetlepel boter

4 eetlepels plantaardige olie

4 eetlepels bloem voor alle doeleinden

6 groene uien, gehakt, witte en groene delen gescheiden

1/2 groene paprika, fijngehakt

1 stengel bleekselderij, fijngehakt

2 grote teentjes knoflook, fijngehakt

1/4 kopje andouille-worst of gerookte ham, in stukjes van 1/4-inch gehakt

1 theelepel Creoolse kruiden

1 theelepel Worcestershire-saus

2 scheutjes Tabasco-saus

2 eetlepels fijngehakte platte peterselie

Zout en versgemalen zwarte peper, naar smaak

2 taartbodems, zelfgemaakt of uit de winkel, gekoeld

1 eiwit, losgeklopt

Zeef de oesters en giet de vloeistof in een grote maatbeker; voeg voldoende water toe om 1 kopje te maken. Controleer de oesters op schelpfragmenten en zet apart.

Verhit de boter in een kleine koekenpan en bak de champignons tot ze slap zijn. Opzij zetten.

Verhit de olie in een grote koekenpan of middelgrote pan op hoog vuur; voeg de bloem toe en roer constant tot de roux bruin begint te worden. Verlaag het vuur tot medium en kook, onder voortdurend roeren, tot de roux de kleur heeft van melkchocolade. Voeg de uien, de witte delen van de groene uien, de paprika en de bleekselderij toe en kook tot ze geslonken zijn. Voeg de knoflook toe en bak nog een minuutje. Voeg de oesterlikeur, worst of ham, creoolse kruiden, worcestersaus en tabascosaus toe. Dek af, zet het vuur laag en kook gedurende 15 minuten.

Zet het vuur middelhoog en voeg de champignons en oesters toe. Kook tot de oesters krullen, ongeveer 4 minuten. Zet het vuur uit en roer de topjes van de groene ui en de peterselie erdoor. Kruid met peper en zout. Koel.

Verwarm de oven tot 350 °. Leg een van de korstjes in de taartvorm. Voeg het oestermengsel toe en bedek met de bovenste korst, plooi de randen. Snijd verschillende inkepingen in de bovenste korst om stoom te laten ontsnappen en bestrijk de korst met het eiwit. Bak gedurende 45 minuten of tot het deeg bruin is.

43. Oester Rockefeller Gumbo

VOOR 6 PORTIES

INGREDIËNTEN

1 liter gepelde oesters met hun drank, of 3 dozijn oesters met 3-5 kopjes drank

1 stok boter

1/2 kopje bloem voor alle doeleinden

1 bos groene uien, gehakt

1/2 kopje gehakte groene paprika

1/2 kopje gehakte selderij

1 theelepel gehakte knoflook

1 (10-ounce) doos bevroren gehakte spinazie, ontdooid

1/4 kopje gehakte verse zoete basilicum

5 kopjes oesterlikeur en/of visbouillon

2 eetlepels Herbsaint of Pernod

1/2 theelepel Creoolse kruiden

Tabascosaus, naar smaak

2 theelepels worcestershiresaus

Witte peper, naar smaak

1/2 kop gehakte bladpeterselie

1 kopje half om half

Zout, naar smaak

Zeef de oesters en bewaar de drank. Controleer de oesters en gooi eventuele schelpen weg. Opzij zetten.

Smelt de boter in een grote, zware pot. Voeg de bloem toe en roer constant op middelhoog vuur om een blonde roux te maken. Voeg de uien, paprika en selderij toe en bak tot ze glazig zijn. Voeg de knoflook, spinazie en basilicum toe en bak nog een minuutje mee. Voeg geleidelijk de oesterlikeur en/of visbouillon toe en roer tot alles goed gemengd is. Voeg de Herbsaint of Pernod, Creoolse kruiden, Tabascosaus en Worcestershiresaus toe en breng op smaak met peper. Dek af, zet het vuur laag en laat 15 minuten sudderen.

Proef en pas de smaakmakers aan. Voeg op dit punt indien nodig zout toe, afhankelijk van hoe zout de oesters zijn. Voeg de peterselie, half om half en oesters toe en laat sudderen tot de oesters omkrullen, een minuut of 2. Serveer met veel warm stokbrood.

44. Roodbaars Court Bouillon

MAAKT 4-6 PORTIES

INGREDIËNTEN

1 (3- tot 4-pond) stevige, witvlezige vis zoals roodbaars of rode snapper

3 eetlepels extra vierge olijfolie

1 middelgrote ui, gehakt

3 groene uien, gehakt

1/2 groene paprika, fijngehakt

1 stengel bleekselderij, fijngehakt

3 teentjes knoflook, gehakt

1 grote tomaat, in stukjes

1 (15-ounce) blikje tomatensaus

Sap van 1 citroen

1 eetlepel worcestershiresaus

1/4 kopje rode wijn

1/2 theelepel gedroogde tijm, of 2 theelepels vers gehakt

1/2 theelepel gedroogde basilicum, of 2 theelepels vers gehakt

1/2 theelepel cayennepeper

1 theelepel suiker

Zout en versgemalen zwarte peper, naar smaak

2 eetlepels fijngehakte platte peterselie

Verwarm de oven tot 350 °. Verwijder eventuele schubben die op de vis zijn achtergebleven en spoel goed af. Droog en plaats in een grote ovenschaal met zijkanten van 2 inch. Zet in de koelkast tot de saus klaar is.

Verhit de olie in een middelgrote, zware pan en fruit de uien, paprika, selderij en knoflook tot ze glazig zijn. Voeg de tomaten, tomatensaus, citroensap, worcestersaus, wijn, tijm, basilicum, cayennepeper en suiker toe en breng op smaak met zout en peper. Breng aan de kook, zet het vuur laag en laat afgedekt 30 minuten sudderen.

Voeg de peterselie toe, proef en breng op smaak.

Verdeel wat van de saus over de bodem van de bakvorm. Bestrooi de vis rondom met peper en zout en leg hem in de pan. Bedek de vis met de saus en plaats wat in de lichaamsholte. Bak, onafgedekt, gedurende 30 minuten, of tot de vis in het midden net gaar is (met een mes zal het vlees op het dikste deel van de vis gemakkelijk van het bot loskomen). Dek af met folie en houd warm tot serveren.

45. Rode Bonen En Rijst

MAAKT 8-10 PORTIES

INGREDIËNTEN

1 pond gedroogde bruine bonen

2 eetlepels plantaardige olie

1 grote ui, gesnipperd

1 bos groene uien, gehakt, witte en groene delen gescheiden

1 groene paprika, fijngesneden

2 stengels bleekselderij, fijngehakt

4 teentjes knoflook, fijngehakt

6 kopjes water

3 laurierblaadjes

1/2 theelepel gedroogde tijm

1 theelepel Creoolse kruiden

1 hambot met wat ham erop, bij voorkeur, of 2 hamblokken of stukjes ham van 1/2 pond

Zout en versgemalen zwarte peper, naar smaak

1 pond rookworst, gesneden in 1/2-inch dikke rondjes

2 eetlepels gehakte bladpeterselie, plus meer om te serveren

Gekookte langkorrelige witte rijst, om te serveren

Doe de bonen in een grote pan, bedek ze met water, laat ze een nacht weken en laat ze uitlekken.

Verhit de olie in een grote, zware pan en fruit hierin de uien, het wit van de groene uien, de paprika, de bleekselderij en de knoflook.

Bak de worst bruin in een grote koekenpan. Opzij zetten.

Voeg de bonen, het water, de laurierblaadjes, de tijm, de Creoolse kruiden en de ham toe aan de pan en breng aan de kook. Zet het vuur lager, dek af en laat 2 uur sudderen, af en toe roeren, en voeg de worst toe 30 minuten voordat het koken is voltooid.

Verwijder de laurierblaadjes, roer de peterselie erdoor en serveer in kommen met de rijst. Bestrooi kommen met meer peterselie, indien gewenst.

46. Garnalen en Grits

VOOR 6 PORTIES

INGREDIËNTEN

3 pond grote garnalen (ongeveer 15 tot 20 pond), gepeld en ontdarmd

5 eetlepels boter, verdeeld

8 groene uien, gehakt

5 grote teentjes knoflook, fijngehakt

Zest en sap van 1 citroen

1/3 kopje droge witte wijn

1 eetlepel worcestershiresaus

1 theelepel Italiaanse kruiden

Versgemalen zwarte peper, naar smaak

1/2 theelepel plus 1/4 theelepel zout, verdeeld

1 theelepel Creoolse kruiden

2 eetlepels fijngehakte platte peterselie

1 kopje snelle grutten

4 1/4 kopjes water

1/4 kop vers geraspte Parmezaanse kaas

Smelt 4 eetlepels boter in een grote, zware koekenpan op middelhoog vuur. Voeg de uien en knoflook toe en bak tot ze geslonken zijn. Voeg de garnalen toe en bak al roerend een paar minuten tot ze roze kleuren. Voeg de citroenschil en -sap, wijn, Worcestershire-saus, Italiaanse kruiden, peper, Creoolse kruiden en 1/2 theelepel zout toe en laat ongeveer 3 minuten sudderen. Kook de garnalen niet te gaar. Haal van het vuur en bestrooi met peterselie.

Om de grutten te koken, breng je het water aan de kook in een grote pan en voeg je de grutten al roerend in een gestage stroom toe. Voeg het resterende zout toe. Dek af, zet het vuur laag en laat ongeveer 10 minuten sudderen. Haal van het vuur en roer de Parmezaanse kaas en de resterende boter erdoor. Serveer de garnalen over de grits op borden of in kommen.

47. Garnalen Remoulade

MAAKT 6-8 PORTIES

INGREDIËNTEN

1/2 kopje gehakte groene uien

1/2 kopje gehakte selderij

1/4 kop gehakte bladpeterselie

2 teentjes knoflook, gehakt

1/2 kop verse mierikswortel (gevonden in gekoelde gedeelte van supermarkten)

1/2 kop ketchup

3/4 kop Creoolse mosterd

2 eetlepels worcestershiresaus

3 eetlepels vers citroensap

1/8 theelepel cayennepeper

Zout, versgemalen zwarte peper en cayennepeper, naar smaak

3 pond grote gepelde en ontdarmde garnalen

Geraspte sla, ongeveer 4 kopjes

Combineer alle ingrediënten behalve de garnalen en sla in een kom en meng goed. Proef en pas de smaakmakers aan.

Leg de garnalen enkele uren voor het opdienen in een grote kom. Roer geleidelijk de saus erdoor tot de consistentie naar wens is. Sommigen geven misschien de voorkeur aan alle dressing en anderen, minder. Serveer over geraspte sla.

48. Peper gelei

MAAKT 8-10 KLEINE POTJES

INGREDIËNTEN

6-8 grote jalapeñopepers, fijngehakt, voor een halve kop

1/3 kopje gehakte groene paprika's

6 1/2 kopjes suiker

1 1/2 kopjes rode wijnazijn

1 (6-ounce) fles Certo of 2 (3-ounce) verpakkingen

6 druppels rode of groene kleurstof

Verwijder de steeltjes en zaadlijsten van de paprika's en hak ze zeer fijn of verwerk ze in een keukenmachine. Combineer alle ingrediënten behalve de Certo in een middelgrote pan en meng goed. Breng aan de kook en kook gedurende 2-3 minuten, vaak roerend. Haal van het vuur en roer de Certo erdoor. Giet in gesteriliseerde geleipotten en sluit af.

Serveer over roomkaas om op crackers te smeren.

49. Gevulde Mirlitons

MAAKT 6-8 PORTIES (1-2 MIRLITON HALVE PER PORTIE)

INGREDIËNTEN

6 mirliton

7 eetlepels boter, verdeeld

1 middelgrote ui, gehakt

1 bosje (6-8) groene uien, gehakt, witte en groene delen gescheiden

2 stengels bleekselderij, fijngehakt

4 teentjes knoflook, fijngehakt

1 theelepel Italiaanse kruiden

1 theelepel Tabasco-saus

1 eetlepel vers citroensap

Zout en versgemalen zwarte peper, naar smaak

2 pond middelgrote garnalen, gepeld en ontdaan, of 1 pond gepelde bevroren garnalen, ontdooid

1 pond forfaitair krabvlees

1 1/4 kopjes Italiaanse broodkruimels, verdeeld

Kook de mirlitons in een grote pan in hun geheel tot ze gaar zijn als ze met een vork vastzitten, ongeveer 1 uur. Giet af en koel af.

Smelt ondertussen 4 eetlepels boter in een grote koekenpan. Voeg de ui, de witte delen van de groene uien en de bleekselderij toe en bak tot ze glazig zijn. Voeg de knoflook toe en fruit nog een minuutje. Voeg de kruiden en het citroensap toe en haal van het vuur.

Snijd de mirlitons in de lengte doormidden en verwijder de zaadjes. Schep het vruchtvlees eruit en laat een schaal van ongeveer 1/4-inch dik achter. Voeg het mirlitonvlees toe aan de koekenpan en laat ongeveer 5 minuten sudderen. Roer de garnalen en groene ui-toppen erdoor en kook, al roerend, tot de garnalen roze worden. Meng 1/2 kopje Italiaanse broodkruimels en krabvlees erdoor en roer voorzichtig zodat het krabvlees in stukjes blijft.

Bekleed een ingevette bakplaat met mirlitonschelpen. Vul de schelpen met het zeevruchtenmengsel en bestrooi elk met 1 eetlepel van de resterende paneermeel. Snijd de overgebleven boter in kleine stukjes en stippel de toppen van de mirlitons.

Bak tot de bovenkant bruin is, ongeveer 30 minuten. Of bruin onder de grill in de laatste minuten van het koken. Serveer onmiddellijk.

50. Schildpad Gumbo

VOOR 6 PORTIES ALS VOORGERECHT, 12 PORTIES ALS VOORGERECHT

INGREDIËNTEN

2 pond schildpadvlees zonder botten, in stukjes van 1 inch gesneden

Zout en versgemalen zwarte peper, naar smaak

10 eetlepels boter, verdeeld

5 kopjes water

2 middelgrote uien

2 groene paprika's

3 stengels bleekselderij

6 grote teentjes knoflook

1/2 kopje bloem voor alle doeleinden

1 1/2 kopjes tomatensaus

1 theelepel Creoolse kruiden

1/2 theelepel gedroogde tijm

1/2 theelepel Italiaanse kruiden

3 laurierblaadjes

1/2 theelepel zout

1/2 theelepel versgemalen zwarte peper

2 eetlepels worcestershiresaus

1/2 theelepel Tabasco-saus

Sap van 1 citroen

1/2 kopje sherry van goede kwaliteit, plus extra om te serveren

4 kopjes gehakte spinazie

3 eetlepels fijngehakte platte peterselie

4 hardgekookte eieren, gehakt

Bestrooi het vlees licht met zout en peper.

Verhit 2 eetlepels boter in een grote, zware pan en braad het vlees in porties aan alle kanten bruin. Leg de ene portie op een bord om de volgende te bruinen.

Doe al het vlees terug in de pan, bedek met het water en breng aan de kook. Zet het vuur laag, dek af en laat ongeveer 1 uur sudderen, of tot het vlees gaar is. Schep het vlees op het bord en zeef en bewaar de bouillon.

Als het vlees koel genoeg is om te hanteren, versnippert u het met uw vingers en snijdt u het in fijne blokjes. Misschien wil je dit in de keukenmachine doen. Opzij zetten.

Hak in een keukenmachine de ui, paprika, bleekselderij en knoflook fijn. Opzij zetten.

Spoel en droog dezelfde pot die je hebt gebruikt om het schildpadvlees te koken. Smelt de resterende boter in de pan op laag vuur; voeg de bloem toe en kook, onder voortdurend roeren, tot een roux met de kleur van melkchocolade, ongeveer 10 minuten. Voeg de gesneden groenten toe en kook tot ze erg geslonken zijn. Voeg de tomatensaus toe en kook ongeveer 5 minuten. Voeg de bouillon, Creoolse kruiden, tijm, Italiaanse kruiden, laurierblaadjes, zout, peper, worcestersaus, tabascosaus en citroensap toe. Kook, afgedekt, gedurende 30 minuten op middelhoog vuur.

Voeg de sherry, spinazie en peterselie toe en kook nog 10 minuten. Verwijder de laurierblaadjes en roer de eieren erdoor.

Serveer in kommen en geef extra sherry door.

51. Rijst en bonen met gebakken eieren

Porties: 4

INGREDIËNTEN

3/4 kop langkorrelige witte rijst

Kosjer zout

2 eetlepels koolzaadolie

1 kleine gele ui, in kleine blokjes gesneden

1/2 middelgrote rode paprika, ontpit en in blokjes gesneden

2 grote teentjes knoflook, fijngehakt

1/2 theelepel gemalen komijn

1/4 kop ingeblikte tomatensaus

15-ounce blik pintobonen, uitgelekt en gespoeld

3 eetlepels Salsa Lizano

Vers gemalen zwarte peper

8 grote eieren

2 eetlepels gehakte verse koriander

ROUTEBESCHRIJVING

Doe de rijst, een flinke snuf zout en 1-1/2 kopjes water in een pan van 3 liter. Breng aan de kook op middelhoog vuur, zet het vuur laag, dek af en kook tot de rijst het water heeft opgenomen en gaar is in ongeveer 15 minuten. Haal van het vuur en zet opzij met het deksel erop.

Verhit ondertussen 1 eetlepel olie in een steelpan van 4 liter op middelhoog vuur. Voeg de ui, paprika, knoflook en een snufje zout toe; kook, af en toe roerend tot ze zacht zijn, ongeveer 3 minuten. Voeg de komijn toe en kook tot geurig, ongeveer 30 seconden. Voeg de tomatensaus toe en roer 1 minuut.

Voeg de bonen en 1 kopje water toe en laat ongeveer 4 minuten sudderen tot de vloeistof tot het niveau van de bonen is gedaald.

Voeg de rijst toe aan de bonen en meng goed. Roer de Salsa Lizano erdoor en breng op smaak met zout en peper. Blijf warm.

Verhit de resterende 1 eetlepel olie in een koekenpan van 12 inch met antiaanbaklaag op middelhoog vuur, waarbij je de pan ronddraait om gelijkmatig te coaten. Breek de eieren voorzichtig in de pan. Breng op smaak met zout en peper, dek af en kook tot de randen van de dooiers net beginnen te stollen, 2 tot 3 minuten. Scheid de eieren met de rand van een spatel.

Om te serveren, schep je een flinke lepel rijst en bonen op een bord en schuif je er 2 eieren bovenop. Bestrooi met de koriander.

Serveer met Jícama, Avocado, Radijs & Sinaasappelsalade met Cilantro, of een eenvoudige groene salade.

52. Huevos Rancheros Ontbijtbraadpan

Porties: 8

Phersteltijd: 25 minuten

Kooktijd: 1 uur

INGREDIËNTEN

1 pakje pintobonen en langkorrelige rijstmix

2 eetlepels ongezouten boter

2 eetlepels plantaardige of koolzaadolie, of naar behoefte

12 maïstortilla's

15-ounce blikje enchiladasaus

½ theelepel gemalen komijn

½ theelepel knoflookpoeder

½ theelepel chilipoeder

2 kopjes geraspte cheddar of Mexicaanse melangekaas

8 grote eieren

Kosjer zout en versgemalen peper naar smaak

Serveren:

1 kopje salsasaus

1 avocado, in dunne plakjes

½ kopje zure room

4 lente-uitjes, bijgesneden en in plakjes

½ kopje korianderblaadjes

ROUTEBESCHRIJVING

Verwarm de oven voor op 425°F. Vet een 13 x 9-inch ovenschaal in of spuit met anti-aanbakspray. Doe het mengsel van bonen en rijst in een middelgrote pan met 2½ kopje water en de boter.

Breng aan de kook op middelhoog vuur, zet het vuur iets lager, dek af en laat ongeveer 20 tot 25 minuten sudderen, tot de rijst gaar is, en roer af en toe. Haal van het vuur en laat 5 minuten staan. Verwijder het deksel en pluisjes met een vork en zet opzij.

Terwijl de rijst en bonen koken, bereid je de tortilla's voor. Leg papieren handdoeken op een werkoppervlak. Verhit 1 theelepel olie in een koekenpan op middelhoog vuur en bak de tortilla's een voor een, ongeveer 1 tot 2 minuten aan elke kant, of tot ze knapperig en bruin zijn.

Terwijl ze gaar zijn, leg je ze op keukenpapier. Voeg naar behoefte meer olie toe, 1 theelepel per keer, totdat alle tortilla's gaar zijn.

Combineer de enchiladasaus met de komijn, knoflookpoeder en chilipoeder. Leg de helft van de tortilla's op de bodem van de voorbereide pan, overlappend om de bodem van de pan te bedekken. Besprenkel de helft van de enchiladasaus en bestrooi met de helft van de kaas. Verdeel het bonen-rijstmengsel over de kaas. Herhaal de laagjes tortilla's, enchiladasaus en kaas.

Gebruik een lepel en je vingers om 8 gelijkmatig verdeelde kleine kuiltjes in de bovenkant van de braadpan te maken, waarbij je gaten door de bovenste laag tortilla's breekt zodat de eieren voldoende ruimte hebben om in hun inkepingen te zinken. Gebruik de lepel en je vingers om deze putjes te maken, zodat ze ongeveer 2,5 cm diep zijn. Breek de eieren voorzichtig in de kuiltjes en breng ze op smaak met zout en peper.

Bak tot het wit van de eieren gestold is, maar de dooiers nog los en vloeibaar zijn, ongeveer 25 minuten.

Serveer de eieren met salsa, avocado, zure room, bosui en korianderblaadjes. Je kunt alles over de bovenkant van de gebakken ovenschotel verdelen, of individuele porties uitlepelen en iedereen zijn bord naar wens laten beleggen.

53. Mango en Bonen Ontbijt Burrito Bowl

Bereidingstijd: 15 minuten

Bereidingstijd: 45 minuten

Porties: 4

INGREDIËNTEN

1 portie langkorrelige groene rijst, gekookt

15-ounce blik pintobonen, gespoeld en uitgelekt

2 rijpe mango's, in blokjes

1 avocado, in blokjes of plakjes

1 rode paprika, in blokjes

1 kopje maïs, gegrild, rauw of gebakken

$\frac{1}{2}$ kopje in blokjes gesneden koriander

$\frac{1}{4}$ kopje in blokjes gesneden rode ui

1 jalapeño, in plakjes

verbanden:

Jalapeño koriander mango

Koriander limoen

Jalapeño cashewsaus

ROUTEBESCHRIJVING

Als je klaar bent, verdeel je de rijst over vier kommen en verdeel je de bonen, mango, avocado, rode paprika, maïs, koriander, rode ui en jalapeñoschijfjes gelijkmatig over de kommen.

Serveer met partjes limoen.

54. Slow Cooker Gevulde Paprika's

Totale tijd: 60 minuten

Porties: 4

INGREDIËNTEN

2 theelepels avocado-olie

1 zoete ui, in blokjes gesneden

2 bleekselderij, in plakjes

4 teentjes knoflook, fijngehakt

1 eetlepel chilipoeder

2 theelepels komijn

1 1/2 theelepel gedroogde oregano

2 kopjes langkorrelige witte rijst, gekookt en afgekoeld

1 kopje bevroren maïskorrels

1 tomaat, in blokjes

1 blik pintobonen, afgespoeld en uitgelekt

1 chipotle peper in adobo

zout

5 paprika's

1 blik enchiladasaus

pepper jack kaas, versnipperd

ROUTEBESCHRIJVING

Verhit olie in een grote koekenpan op middelhoog vuur. Voeg de ui en bleekselderij toe en kook, vaak roerend, ongeveer 5 minuten. Voeg de knoflook toe en kook ongeveer 30 seconden en haal van het vuur.

Voeg de kruiden toe en roer goed door. Voeg in een grote kom de rijst, bonen, maïs, tomaat, chipotle peper, 1/4 kopje enchiladasaus en uienmengsel toe. Roer goed door en breng op smaak met zout en peper.

Snijd de kapjes van de paprika's en verwijder de zaadlijsten en ribben. Vul met het rijstmengsel, licht inpakken. Ik heb de mijne voor de helft gevuld, een kleine hoeveelheid kaas toegevoegd en toen klaar met vullen. Leg er nog geen kaas op. Doe de gevulde paprika's in de slowcooker.

Voeg ongeveer 1/2 inch water toe aan de crock en zorg ervoor dat er geen water in de paprika's komt. Kook ongeveer 4 uur op low. Voeg ongeveer 15 minuten voordat ze gaar zijn een laagje kaas toe aan elke paprika en laat even doorkoken.

Serveer de paprika's met de rest van de enchiladasaus en eventueel extra kaas. Genieten van!

55. Gemengde Bean en rijstdip

Porties: 10 tot 12

INGREDIËNTEN

Voor de dip:

15-ounce blik pintobonen, gespoeld en uitgelekt

15-ounce blik zwarte bonen, gespoeld en uitgelekt

15-ounce blik marinebonen, gespoeld en uitgelekt

1 kopje gekookte witte rijst

1 kop in blokjes gesneden tomaat

1/2 kopje in blokjes gesneden ui

3 kopjes geraspte Cheddar-Monterey Jack-blend

2 eetlepels fijngesneden ingelegde jalapeño

1/2 theelepel gemalen komijn

1/2 theelepel knoflookpoeder

1/8 theelepel cayennepeper

Kosjer zout en versgemalen peper

Voor serveren:

Tortilla chips

Zure room

Salsa

ROUTEBESCHRIJVING

Verwarm de oven voor op 400°.

Meng in een grote kom de bonen, rijst, tomaat, ui, 2 kopjes kaas, jalapeño en kruiden. Kruid royaal met koosjer zout en peper.

Giet in een ingevette 10-inch gietijzeren koekenpan of ronde ovenschaal. Dek af met aluminiumfolie en kook gedurende 30 minuten.

Haal uit de oven en verwijder de aluminiumfolie. Strooi de resterende 1 kop kaas erover en blijf bakken tot de kaas gesmolten is, nog ongeveer 5 - 10 minuten.

Serveer warm met tortillachips, zure room en salsa.

56. Pinto Bonen en Rijstballetjes

Porties: 30

INGREDIËNTEN

1 blik pintobonen afgespoeld en uitgelekt

1 kopje gekookte langkorrelige witte rijst

1 ei

1/4 theelepel koosjer zout meer naar smaak

1/4 theelepel komijn

snufje cayennepeper naar smaak

1-2 eetlepels olijfolie

Rokerige Chipotle Dipsaus

ROUTEBESCHRIJVING

Doe de afgespoelde bonen in een grote mengkom. Pureer ze met een aardappelstamper tot ze een pasta vormen. Voeg de rijst, komijn en cayennepeper toe. Roer om te combineren en te proeven.

Voeg het ei toe en werk met je handen of een grote lepel om goed te combineren.

Gebruik een kleine schep of een lepel om de balletjes te vormen en draai ze voorzichtig rond met uw vingertoppen. Vorm alle balletjes en leg ze op een groot bord of snijplank. Verwarm in een grote koekenpan op middelhoog vuur ongeveer een eetlepel olie. Bak de balletjes in de koekenpan tot ze aan elke kant lichtbruin zijn. Dit duurde een paar minuten aan elke kant, waarbij ze elk 2-3 keer werden omgedraaid.

Als u niet bekend bent met het koken van dingen in batches, volgt hier een tip.

Begin met het plaatsen van je rijstballen in de pan, aan de buitenrand, naast het handvat. Ga met de klok mee rond de pan en vul dan het midden.

Nadat de balletjes bruin zijn, haal je ze uit de pan en leg je ze op een schoon bord. Tent losjes met folie om warm te blijven. Kook de resterende helft van de balletjes en dien ze warm op. Genieten van!

57. Gefrituurde Bonen, Rijst En Worstballetjes

INGREDIËNTEN:

1 kopje gekookte langkorrelige rijst

1 kopje pintobonen, gekookt tot ze romig zijn

4 dun gesneden groene uien

4 eetlepels fijngehakte worst

1 kopje plus 2 eetlepels gedroogde paneermeel in totaal

2 theelepels hete saus - naar keuze

In totaal 2 eieren

1 kopje bloem voor alle doeleinden

1/2 kopje melk

olie om in te frituren

Creoolse Dipsaus:

1 deel mayonaise

1 deel Creoolse mosterd

ROUTEBESCHRIJVING:

Meng rijst, bonen, uien, worst en 2 eetlepels paneermeel. Strooi er hete saus over en roer dan een ei erdoor tot een strak beslag.

Klop melk en het resterende ei om een eierwas te maken.

Vorm kleine balletjes van het mengsel van bonen, rijst en worst. Door de bloem wentelen, door eierwas halen en door de resterende paneermeel wentelen.

Verhit olie tot 360 graden F en bak tot ze goudbruin zijn. Laat uitlekken op keukenpapier en serveer direct met creoolse dipsaus of je favoriete dipsaus.

Creoolse dipsaus: meng een deel mayonaise met een deel creoolse mosterd en serveer met de bonen en rijstballetjes.

58. Langkorrelige rijst en pintoboon

Preparatie tijd: 30 minuten

Bereidingstijd: 10 tot 30 minuten

Porties: 4

INGREDIËNTEN

50ml/2fl oz. plantaardige olie

1 ui, fijngehakt

300ml/10½ oz. langkorrelige rijst

400ml/14½ oz. water

400ml/14½ oz. kokosmelk

400g Blik pintobonen, afgespoeld en uitgelekt

3 eetlepels verse tijm

zout en versgemalen zwarte peper

verse koriander, om te garneren

ROUTEBESCHRIJVING

Verhit de olie in een koekenpan en fruit de ui glazig.

Voeg de rijst toe, roer goed en voeg het water en de kokosmelk toe. Aan de kook brengen.

Voeg de pintobonen en tijm toe, laat sudderen en dek af gedurende ongeveer 20 minuten tot de rijst gaar is. Breng op smaak met zout en versgemalen zwarte peper.

Serveer gegarneerd met de koriander.

59. Limoenkip met in ei gebakken langkorrelige rijst

Preparatie tijd: 30 minuten

Bereidingstijd: 10 tot 30 minuten

Porties: 2

INGREDIËNTEN

Voor De Kip

2 kippenborsten zonder vel

2 eetlepels sesamolie

2 theelepels plantaardige olie

2 eetlepels sojasaus

2 teentjes knoflook, fijngehakt

$\frac{1}{2}$ citroen, geraspte schil en sap

zout en versgemalen zwarte peper

1 eetlepel heldere honing

Voor De Rijst

2 eetlepels arachideolie

2-3 theelepels sesamolie

2 scharreleieren, licht losgeklopt

scheutje sojasaus

2 lente-uitjes, fijngehakt

50 g pintobonen, gekookt

150 g langkorrelige rijst, gekookt

zout en versgemalen zwarte peper

3-4 eetlepels gehakte koriander

limoenpartjes, om te serveren

ROUTEBESCHRIJVING

Om vlinders te maken, leg je de kipfilets op een plank en gebruik je een scherp mes om driekwart van elke borst evenwijdig aan de snijplank in te snijden.

Vouw elke kipfilet open zodat je twee grote, dunnere kipfilets hebt.

Doe ze in een kom met een eetlepel sesamolie, de plantaardige olie, sojasaus, knoflook, citroenschil en sap.

Breng op smaak met zout en versgemalen zwarte peper en meng om te combineren. Meng in een aparte kom de honing met de resterende sesamolie.

Verhit een grillpan op middelhoog vuur tot hij rookt, leg de kip op de grillplaat en bak 2-3 minuten aan elke kant, en bestrijk hem een of twee keer met het honing-sesammengsel.

Als het klaar is, moet de kip aan de buitenkant gegrild en volledig gaar zijn. Laat 2-3 minuten rusten.

Verhit ondertussen voor de rijst een wok op hoog vuur en voeg de arachide en een theelepel sesamolie toe. Als de olie begint te glinsteren, voeg je de eieren toe en kook je ze, al roerend, 1-2 minuten of tot ze roerei zijn.

Duw de eieren naar de zijkant van de pan en voeg een beetje meer sesamolie, de sojasaus, lente-uitjes en pintobonen toe en kook een minuut, voeg dan de rijst toe en breng op smaak met zout en versgemalen zwarte peper.

Kook, onder voortdurend roeren, gedurende 3-4 minuten, of tot het is opgewarmd. Roer de koriander erdoor.

Schep voor het serveren de rijst op borden. Snijd de kip diagonaal in dunne reepjes en leg deze op de rijst. Werk af met een schijfje limoen.

60. Langkorrelige Rijst Hoppin' John

Preparatie tijd: 30 minuten

Bereidingstijd: 30 minuten tot 1 uur

Porties: 4

INGREDIËNTEN

2 eetlepels plantaardige olie

300 g gekookt en versnipperd spek

1 groene paprika, fijngehakt

1 rode paprika, fijngehakt

1 rode ui, fijngehakt

3 stengels bleekselderij, fijngehakt

4 teentjes knoflook, geperst

1 theelepel gedroogde chilivlokken

2 laurierblaadjes

1 liter kippen- of groentebouillon

400 g pintobonen uit blik, uitgelekt en afgespoeld

225 g langkorrelige rijst

2 eetlepels creoolse of universele kruiden

zout en versgemalen zwarte peper

Serveren

een handvol bladpeterselieblaadjes, fijngehakt

bosje lente-uitjes, fijngehakt

ROUTEBESCHRIJVING

Verhit de olie in een grote pan op middelhoog vuur.

Voeg spek toe aan de pan en bak tot het krokant is. Verwijder met een schuimspaan en laat uitlekken op keukenpapier.

Voeg de ui, paprika, selderij, knoflook, chilivlokken, laurierblaadjes, Creoolse kruiden, zout en peper toe aan de pan en bak op laag tot middelhoog vuur tot ze zacht zijn.

Schenk de bouillon erbij en breng aan de kook.

Voeg de rijst, bonen en spek toe en roer goed. Dek af en laat 20 minuten sudderen, of tot de rijst zacht is en het meeste vocht is opgenomen.

Verdeel over kommen, bestrooi met peterselie en lente-uitjes en serveer.

61. Mexicaans geïnspireerde pintobonen en rijst

Bereidingstijd: 25 minuten

Bereidingstijd: 20 minuten

Porties: 8

INGREDIËNTEN

1 eetlepel Kippenbouillon

3 eetlepels tomatenpuree

1 theelepel gemalen korianderzaad

1 theelepel zout

½ theelepel knoflookpoeder

¼ theelepel peper

3½ kopje water

2 kopjes langkorrelige witte rijst, gespoeld met een zeef

1 rode paprika, gesteeld, ontpit en in blokjes gesneden

¼ kopje fijngehakte rode ui

1 jalapeño, gesteeld, gezaaid en fijngesneden

2 eetlepels fijngehakte koriander

15-ounce blik pintobonen, uitgelekt en gespoeld

ROUTEBESCHRIJVING

Voeg aan een pot Kipbasis, tomatenpuree, koriander, zout, knoflookpoeder en peper toe; garde om te combineren.

Klop geleidelijk het water erdoor, voeg rijst toe en roer om te combineren. Zet een pan op middelhoog vuur en breng aan de kook, af en toe roerend.

Zet het vuur laag tot medium laag, dek af. Blijf koken tot de vloeistof is opgenomen, af en toe roerend, ongeveer 12-15 minuten. Haal van het vuur en laat een paar minuten afgedekt staan.

Doe rijst in een grote kom en voeg paprika, ui, jalapeño en koriander toe; roer om te combineren.

Roer voorzichtig de bonen erdoor en serveer.

62. Pinto Bonen En Rijst Met Koriander

Bereidingstijd: 5 minuten

Kooktijd: 25 minuten

Porties 6

INGREDIËNTEN

Voor de rijst:

1 kopje langkorrelige witte rijst

1 eetlepel olijfolie

8 Oz. blikje tomatensaus

1 rode paprika ontpit, ontpit en in vieren gesneden

1 1/2 kopjes kippenbouillon of groentebouillon

3/4 theelepel koosjer zout

1 theelepel knoflookpoeder

1/4 theelepel chilipoeder

1/4 theelepel komijn

1/2 kopje in blokjes gesneden tomaten

2 eetlepels gehakte koriander voor garnering

Voor de bonen:

15 ons blik pintobonen uitgelekt en afgespoeld

1/2 kopje kippenbouillon of groentebouillon

1 eetlepel tomatenpuree

3/4 theelepel zout

3/4 theelepel chilipoeder

1/2 kop pico de gallo voor garnering

ROUTEBESCHRIJVING

Voor de rijst:

Verhit de olijfolie in een pan van 2 liter op middelhoog vuur. Voeg de rijst toe en roer tot de rijst is bedekt met de olie. Kook ongeveer 5 minuten of tot de rijst geroosterd en lichtbruin is.

Voeg alle resterende ingrediënten toe.

Zet de pan terug op het vuur en breng de inhoud aan de kook.

Bedek de pan en zet het vuur laag; kook gedurende 17 minuten.

Neem de pan van het vuur en laat 5 minuten afgedekt staan. Paprika's verwijderen en weggooien. Goed roeren. Garneer eventueel met tomaten en groene uien.

Voor de bonen:

Doe alle ingrediënten in een pan op middelhoog vuur en breng aan de kook. Laat 7-10 minuten koken tot de saus is ingedikt. Proef en voeg indien nodig meer zout of chilipoeder toe. Je kunt ook wat meer kippenbouillon toevoegen als de saus te dik wordt naar je smaak. Garneer eventueel met pico de gallo.

63. Spaanse Pinto Bonen & Rijst

Bereidingstijd 10 minuten

Kooktijd 25 minuten

Porties 2

INGREDIËNTEN

VOOR DE RIJST

2 kopjes groentebouillon 475 ml

1 kop langkorrelige rijst 190 gram

1/4 theelepel saffraandraadjes .17 gram

snufje zeezout

scheutje zwarte peper

VOOR DE BONEN

2 eetlepels extra vergine olijfolie 30 ml

1 kleine ui

4 teentjes knoflook

1 wortel

1 groene paprika

1 theelepel zoete gerookte Spaanse paprika 2,30 gram

1/2 theelepel gemalen komijn 1,25 gram

2 1/2 kopjes pinto bonen uit blik 400 gram

1 kop groentebouillon 240 ml

snufje zeezout

scheutje zwarte peper

een handvol fijngehakte verse peterselie

ROUTEBESCHRIJVING

Voeg 2 kopjes groentebouillon toe aan een pan, knijp in 1/4 theelepel saffraandraadjes en breng op smaak met zeezout en versgemalen zwarte peper, verwarm op hoog vuur

Doe ondertussen 1 kopje langkorrelige rijst in een zeef en spoel af onder koud stromend water, totdat het water onder de zeef helder loopt

Zodra de bouillon kookt, voeg je de rijst toe aan de pan, meng je het en doe je een deksel op de pan, zet je het vuur laag tot middelhoog en laat je het sudderen tot de rijst gaar is.

Verhit ondertussen een grote koekenpan op middelhoog vuur en voeg 2 eetlepels extra vierge olijfolie toe, voeg na 2 minuten 1 kleine ui fijn gesneden, 1 groene paprika fijngehakt, 1 wortel en 4 teentjes knoflook grof gehakt toe, meng de groente voortdurend met de olijfolie

Na 4 minuten en de groenten zijn licht gebakken, voeg 1 theelepel zoete gerookte Spaanse paprika en 1/2 theelepel gemalen komijn toe, meng snel, voeg dan 2 1/2 kopjes pinto bonen uit blik toe en breng op smaak met zeezout en zwarte peper, voorzichtig mix tot goed gemengd, voeg dan 1 kopje groentebouillon toe en laat sudderen op middelhoog vuur

Als de rijst gaar is, haal je de rijst van het vuur, laat je het 3 tot 4 minuten staan met het deksel erop, verwijder dan het deksel en maak de rijst los met een vork en doe de rijst in de serveerschalen

Pak de sudderende bonen en voeg ze toe aan de serveerschaal naast de rijst, bestrooi met vers gesneden peterselie en geniet ervan!

64. Eenpans rijst en bonen

Porties: 4 porties

Totale tijd: 30 minuten

INGREDIËNTEN

2 eetlepels olijfolie

1 gele ui, gesnipperd

1 ¾ kopjes kippen- of groentebouillon of water

1 theelepel zout

1 kopje langkorrelige rijst

15,5-ounce blik pintobonen

Limoenpartjes of korianderblaadjes, voor garnering

ROUTEBESCHRIJVING

Verwarm de olijfolie in een grote pan of braadpan met een goed sluitend deksel op middelhoog vuur. Voeg ui toe en bak tot ze glazig zijn, ongeveer 3 minuten. Voeg de bouillon toe, dek af en breng aan de kook.

Voeg het zout, de rijst en de bonen toe. Roer gewoon om te combineren en dek af.

Zet het vuur zo laag mogelijk en laat het ongestoord 18 tot 20 minuten sudderen. Haal van het vuur en laat 4 minuten staan, en pluis dan met een vork.

Breng op smaak met zout en peper en garneer naar wens met limoen of koriander.

65. Zuidelijke Pinto Bonen en Rijst

Bereidingstijd: 5 minuten

Kooktijd: 4 uur

Porties: 6 kopjes

INGREDIËNTEN

1 pond gedroogde pinto bonen

8 kopjes water of bouillon

2 eetlepels zout, voor een nachtje weken; tafel zout

2 eetlepels uienpoeder of 1 kop verse, in blokjes gesneden ui

2 eetlepels knoflookpoeder

2 kopjes langkorrelige rijst, gekookt

1 gerookte ham spronggewricht

zout en peper naar smaak

ROUTEBESCHRIJVING

Doe bonen in een grote braadpan met ui en knoflookpoeder.

Kook op laag vuur, onafgedekt, gedurende 3-4 uur of tot het gaar is; controleer regelmatig het vloeistofniveau; voeg indien nodig meer toe; als ze zacht zijn, proef dan naar smaakmakers en pas dienovereenkomstig aan

1 pond gedroogde pintobonen, 8 kopjes water of bouillon, 2 eetlepels uienpoeder, 2 eetlepels knoflookpoeder, 1 gerookte ham spronggewricht

66. Pinto Bonen en Rijst en Worst

Bereidingstijd: 20 minuten

Kooktijd: 105 minuten

Porties: 6 porties

INGREDIËNTEN

1 pond gedroogde pinto bonen

6 kopjes water

1 ham spronggewricht, of een vlezig overgebleven hambot

1 middelgrote ui, gehakt

3 teentjes knoflook, fijngehakt

1 1/2 theelepel zout

Andouille-rookworst van 1 pond, of soortgelijke rookworst, in plakjes

14,5-ounce blik tomaten, in blokjes gesneden

4-ounce blikje milde groene chilipepers

1/2 theelepel rode pepervlokken, geplet

4 kopjes gekookte witte rijst, langkorrelige of snelle grutten, heet gekookt

ROUTEBESCHRIJVING

Doe de avond ervoor de pintobonen in een grote kom of pot en bedek ze met water tot een diepte van ongeveer 7,5 cm boven de bonen. Laat ze 8 uur of een nacht staan. Laat goed uitlekken.

Combineer de geweekte en uitgelekte bonen met water, ham spronggewricht, ui en knoflook in een grote pan of Nederlandse oven op hoog vuur; aan de kook brengen. Dek af en zet het vuur laag tot medium; kook de bonen 45 minuten, of tot de bonen gaar zijn.

Voeg indien gewenst het zout, de gesneden worst, tomaten, milde chilipepers en geplette rode pepervlokken toe. Dek af, zet het vuur laag en laat 1 uur sudderen, af en toe roeren.

Verwijder de ham spronggewricht en verwijder het vlees van het bot. Versnipper de ham met een vork of hak fijn. Doe de ham terug bij het bonenmengsel.

Serveer de pinto bonen over hete gekookte rijst.

67. Gallopinto (Nicaraguaanse rijst en bonen)

Bereidingstijd: 45 minuten

Totale tijd: 24 uur

Porties: 8 porties

INGREDIËNTEN

Voor de bonen

1 (16-ounce) zak gedroogde Pinto-bonen

Zout

7 teentjes knoflook, gepeld

Voor de rijst

1/4 kopje plantaardige olie, verdeeld

1 middelgrote gele ui, fijngehakt

1 1/2 kopjes langkorrelige witte rijst

3 kopjes water of natriumarme kippenbouillon

1/2 groene paprika, klokhuis en zaadjes

ROUTEBESCHRIJVING

Voor de bonen:

Spreid de bonen uit op een omrande bakplaat. Haal eventueel vuil en gebroken bonen eruit. Doe de bonen in een vergiet en spoel af onder koud stromend water. Doe de afgespoelde bonen in een grote pan en bedek ze met koud water; laat 30 minuten weken.

Breng op hoog vuur aan de kook. Zet het vuur laag en laat de bonen 30 minuten sudderen. Zet het vuur uit, dek de bonen af en laat 1 uur rusten. Breng de bonen weer aan de kook op hoog vuur. Voeg 2 theelepels zout en knoflook toe, zet het vuur laag en laat sudderen tot de bonen 30 tot 60 minuten gaar zijn.

Voor de rijst:

Verhit 2 eetlepels olie in een grote pan met zware bodem op middelhoog vuur tot het glinstert. Voeg 2/3 van de ui toe en kook, al roerend, tot ze zacht en doorschijnend zijn, ongeveer 5 minuten.

Voeg rijst toe en kook al roerend tot de korrels glanzend zijn en gelijkmatig bedekt met olie, 2 tot 3 minuten. Voeg water of bouillon en 1 1/2 theelepel zout toe, zet het vuur hoog en breng aan de kook. Leg de paprika op de rijst.

Kook rijst zonder te roeren totdat het meeste vocht is verdampt en je kleine belletjes op het oppervlak van de rijst ziet barsten. Verlaag onmiddellijk het vuur tot de laagste stand, dek af en kook gedurende 15 minuten.

Paprika verwijderen en weggooien. Maak de rijst los met eetstokjes of vork, laat afkoelen en zet 1 dag in de koelkast.

Voor de gallopinto:

Verhit de resterende 2 eetlepels olie in een grote pan op middelhoog vuur tot het glinstert. Voeg de resterende ui toe en kook, al roerend, tot ze zacht en doorschijnend zijn, ongeveer 5 minuten.

Voeg rijst en 2 kopjes bonen toe aan de koekenpan en kook al roerend tot de rijst gelijkmatig is bedekt. Blijf ongeveer 10 minuten koken, al roerend, zodat de smaken kunnen versmelten en het mengsel een beetje krokant wordt. Dek af en kook op laag vuur nog eens 10 minuten.

68. Bonensaus & tomaten over rijst

Porties: 6 porties

INGREDIËNTEN

1 kopje pintobonen, geweekt

2 Serrano-pepers, zonder zaadjes en fijngehakt

½ eetlepel Gember, geraspt

1 elk laurierblad

¼ theelepel Kurkuma

4 kopjes water

1⅓ kopje bouillon

¼ kopje koriander

Zout peper

2 eetlepels pecannoten, gehakt en geroosterd

2 eetlepels Olijfolie

4 Tomaten, in blokjes

1 theelepel Chilipoeder

1 eetlepel verse marjolein

1 theelepel ahornsiroop

5 kopjes water

1½ kopje langkorrelige rijst

2 Wortelen, versnipperd

1 elk 3 "kaneelstokje

½ eetlepel Olijfolie

ROUTEBESCHRIJVING

Kook bonen 1½ tot 2 uur, tot de bonen gaar zijn. Gooi laurier weg &

SAUS:

Combineer uitgelekte bonen, pepers, gember, laurier, kurkuma en water in een grote pan.

Breng aan de kook, zet het vuur lager, dek af en kook.

Doe bonen, bouillon en koriander in een keukenmachine en maal tot een dikke saus. Breng op smaak, voeg pecannoten toe en verwarm iets.

TOMATEN:

Combineer tomaten, chilipoeder, marjolein en siroop in een sauteerpan. Breng op smaak met zout en peper en roerbak op matig vuur tot de tomaat begint te karamelliseren, ongeveer 10 minuten. Warm houden op laag vuur.

RIJST:

Kook water en roer rijst, wortelen en kaneel erdoor. Kook tot de rijst zacht is, 10 tot 12 minuten als je witte rijst gebruikt. Giet de kaneel af, gooi deze weg en spoel kort af onder stromend water.

Doe terug in de pan en meng met olie.

Om te serveren, schep de rijst op warme borden, bedek met bonensaus en bestrooi met tomaten.

69. Cajun pintobonen

Porties: 8

INGREDIËNTEN

1 stuk Kleine zak pintobonen, gewassen en geplukt

¼ kopje bloem

¼ kopje spekvet

1 grote ui, gesnipperd

6 teentjes Knoflook, gehakt

½ kopje bleekselderij, gehakt

1 elk laurierblad

¼ kopje Chilipoeder

2 eetlepels gemalen komijn

1 blik tomaten met pepers

Zout naar smaak

2 pond Ham spronggewricht of gezouten varkensvlees

Gehakte koriander

2 kopjes langkorrelige rijst, gekookt

ROUTEBESCHRIJVING

Pinto bonen plukken en wassen. Week 1 zakje pintobonen een nacht in koud water en 1 eetlepel zuiveringszout. Spoel de bonen af en kook gedurende 1 uur. Ververs het water en voeg weer 1 eetlepel baking soda toe. Kook nog een uur of twee en ververs het water voor de laatste keer, voeg zuiveringszout toe en kook tot het gaar is.

Bak $\frac{1}{4}$ kopje bloem en $\frac{1}{4}$ kopje spekvet in de donkere roux.

Voeg toe en roer het volgende tot het geslonken is: 1 grote gesnipperde ui, 5 of 6 teentjes gehakte knoflook, $\frac{1}{2}$ kopje gehakte bleekselderij, 1 laurierblad en koriander.

Voeg chilipoeder, komijn en tomaten met pepers en zout naar smaak toe.

Kan worden gekookt met ham spronggewricht of gezouten varkensvlees.

Het gebruik van deze roux voegt echt een geweldige smaak toe aan pintobonen.

Serveer met langkorrelige rijst.

70. Rijst & bonen met kaas

Porties: 5

INGREDIËNTEN

1⅓ kopje water

1 kopje geraspte wortelen

1 theelepel instant kippenbouillon

¼ theelepel Zout

15 ons Can Pinto Beans, uitgelekt

8 ons gewone magere yoghurt

½ kopje geraspte magere Cheddar-kaas

⅔ kopje langkorrelige rijst

½ kopje gesneden groene uien

½ theelepel gemalen koriander

1 theelepel hete pepersaus

1 kopje magere kwark

1 eetlepel Geknipte verse peterselie

ROUTEBESCHRIJVING

Meng water, rijst, wortelen, groene uien, bouillonkorrels, koriander, zout en hete pepersaus in een grote pan in een grote pan.

Breng aan de kook; verminder hitte. Dek af en laat 15 minuten sudderen of tot de rijst gaar is en het water is opgenomen.

Roer pinto- of marinebonen, kwark, yoghurt en peterselie erdoor.

Lepel in een ovenschaal van 10x6x2 ".

Bak, afgedekt, in een oven van 350 graden F. gedurende 20-25 minuten of tot het erdoorheen is verwarmd. Bestrooi met cheddarkaas. Bak, onafgedekt, nog 3-5 minuten of tot de kaas smelt.

71. Pintobonen en Saffraanrijst

Porties: 4

INGREDIËNTEN

Bonen

3 kopjes gedroogde pinto bonen

1/2 stokboter

1/3 kopje reuzel

1/2 kopje sofrito

1 grote ui in blokjes

3 liter water

Rijst

1-1/2 kopje langkorrelige rijst

3 kopjes kippenbouillon

1/2 theelepel saffraandraadjes

1-1/2 theelepel koosjer zout

1/2 kopje water

1 eetlepel boter

Azijn Hete pepersaus

ROUTEBESCHRIJVING

Was de bonen en verwijder alle vreemde voorwerpen zoals stenen en slechte bonen.

Snijd de uien in blokjes.

Voeg de ui, bonen, sofrito, water en boter toe.

Laat het 4 minuten opwarmen en voeg het reuzel toe.

Dek af en kook gedurende 15 minuten, roer, dek weer af en zet het vuur tot de helft lager. Kook tot de bonen zacht zijn en voeg dan zout toe.

Smelt de boter en voeg de rijst toe. Roer goed en voeg de saffraan, bouillon en water toe.

Kook de rijst af en toe roerend en als het vocht is opgenomen, dek af en haal van het vuur en laat het 20 minuten staan.

Serveer met de bonen over de rijst. Voeg de azijn en hete pepersaus toe.

72. Taco Kruidenrijst met pintobonen

Porties: 6 Porties

INGREDIËNTEN

2 kopjes water

8 ons Tomatensaus

1 pak taco kruidenmix

1 kopje maïs

½ kopje Groene paprika - gehakt

½ theelepel Oregano

⅛ theelepel Knoflookpoeder

1 kopje langkorrelige rijst

16 ons Pinto bonen, ingeblikt

ROUTEBESCHRIJVING

Combineer alle ingrediënten in een middelgrote pan, behalve rijst en bonen.

Breng het mengsel op middelhoog vuur aan de kook. Roer rijst en bonen erdoor.

Als het mengsel weer kookt, roer dan, zet het vuur laag tot medium-laag, dek af en laat sudderen tot het grootste deel van de vloeistof is gekookt, 45 minuten tot 1 uur.

Haal van het vuur en zet afgedekt 5 minuten opzij.

Goed mengen.

73. Indiase pompoenrijst en bonen

Porties: 8

INGREDIËNTEN

1 eetlepel Canola-olie

1 middelgrote gele ui; gehakt

2 teentjes knoflook; gehakt

2 kopjes Pompoenblokjes

2 theelepels kerriepoeder

½ theelepel zwarte peper

½ theelepel Zout

¼ theelepel Gemalen kruidnagel

1½ kopje langkorrelige witte rijst

1 kopje grof gesneden boerenkool of spinazie

15 ons Gekookte pintobonen; uitgelekt en gespoeld

ROUTEBESCHRIJVING

Verhit de olie in een grote pan op middelhoog vuur.

Voeg de ui en knoflook toe en bak al roerend 5 minuten tot de ui glazig is. Roer de pompoen, kerrie, peper, zout en kruidnagel erdoor en bak nog 1 minuut.

Voeg 3 kopjes water en de rijst toe, dek af en breng aan de kook. Kook ongeveer 15 minuten op middelhoog vuur.

Roer de boerenkool en bonen erdoor en kook nog ongeveer 5 minuten.

Roer de rijst los en zet het vuur uit. Laat 10 tot 15 minuten staan alvorens te serveren.

74. Mexicaanse cowboybonen

Porties: 6

INGREDIËNTEN
½ pond Pinto bonen, gedroogd
1 Ui, wit, groot
3 teentjes Knoflook, geplet
2 takjes koriander
¼ kopje Groentebouillon of water
6 ons. Veganistische chorizo
2 Serrano pepers, fijngehakt
1 Tomaat, groot, in blokjes

ROUTEBESCHRIJVING

Week de bonen een nacht in water.
Zeef ze de volgende dag en plaats ze in een grote pot. Giet genoeg water in de pot om ¾ van de weg te vullen.
Snijd je ui doormidden. Doe de ½ ui, koriandertakjes en 3 teentjes knoflook in de pan met de bonen. Bewaar de andere helft van de ui.
Breng water aan de kook en laat de bonen koken tot ze bijna gaar zijn, ongeveer 1 ½ uur.
Terwijl de bonen koken, verwarm je een grote sauteerpan op middelhoog vuur. Voeg de chorizo toe en bak deze ongeveer 4 minuten lichtbruin. Snijd terwijl de chorizo kookt de andere helft van de ui in blokjes.
Haal de chorizo uit de pan en zet apart. Voeg ¼ kopje water, in blokjes gesneden ui en Serrano-pepers toe aan de sauteerpan. Fruit ui en pepers tot ze zacht en glazig zijn in ongeveer 4 - 5 minuten. Voeg tomaat toe en laat nog 7-8 minuten koken of tot de tomaat is afgebroken en al zijn sappen heeft vrijgegeven.

Voeg dit mengsel en de chorizo toe aan de pan met bonen en laat nog 20 minuten sudderen of tot de bonen helemaal gaar zijn. Breng op smaak met zout en peper.

Haal voor het serveren de halve ui, koriandertwijg en knoflookteentjes uit de bonen. Kruid met peper en zout

75. Caribisch feest

INGREDIËNTEN

JERK JACKFRUIT

3 blikken Young Jack Fruit in pekel, uitgelekt en in blokjes gesneden
1 eetlepel Kokosolie
3 lente-uitjes, fijngesneden
3 teentjes knoflook, fijngehakt
1/2 Scotch Bonnet Chili
Stukje gember ter grootte van een duim, fijngehakt
1 gele paprika, ontpit en in blokjes
1 kop / 200 g ingeblikte pintobonen
1 eetlepel All Spice
2 theelepel gemalen kaneel
3 eetlepels sojasaus
5 eetlepels Tomatenpuree
4 eetlepels kokossuiker
1 kop/240 ml ananassap
Sap 1 limoen
1 eetlepel verse tijmblaadjes
2 theelepel Zeezout
1 theelepel gebarsten zwarte peper

RIJST & ERWTEN

1 Blik Kidneybonen, vloeistof gereserveerd
1 Blik Kokosmelk
3 eetlepels verse tijm

Snufje zeezout en zwarte peper
1 & 1/2 kopjes/340 g langkorrelige rijst, afgespoeld
Groentebouillon, indien nodig.

GEBRADEN WEEGBREE

2 bakbanaan, geschild en in schijfjes van cm gesneden
2 eetlepels Vita Coca Kokosolie
2 eetlepels kokossuiker
Snufje Zout & Peper

MANGO SALADE

1/2 Verse Mango, geschild en in blokjes
1 theelepel verse chili, fijngehakt
Handvol verse koriander
Sap van een halve limoen
Frisse Gemengde Salade

ROUTEBESCHRIJVING

Zet eerst een grote braadpan of koekenpan op middelhoog vuur. Voeg de kokosolie toe gevolgd door de ui, knoflook, gember, chili & gele peper. Laat de mix 3 minuten zacht worden voordat je de kruiden toevoegt en nog 2 minuten kookt. Voeg een snufje kruiden toe.
Voeg de jackfruit toe aan de pan en roer goed, kook de mix 3-4 minuten.
Voeg vervolgens de kokossuiker & de bonen toe. Blijf roeren en voeg dan de sojasaus, tomatenpuree en ananassap toe. Zet het

vuur laag en voeg het limoensap en wat fijngehakte verse tijmblaadjes toe.

Doe de deksel erop en laat de jackfruit ongeveer 12-15 minuten koken.

Doe voor de rijst de ingrediënten in een pan en doe de deksel erop. plaats de pan op laag vuur en laat de rijst alle vloeistof opnemen tot hij licht en luchtig is. dit zou 10-12 minuten moeten duren. als je rijst te droog wordt voordat hij kookt, voeg dan wat water of groentebouillon toe.

de volgende is de weegbree. Verhit een koekenpan met antiaanbaklaag op middelhoog vuur en voeg de kokosolie toe, voeg als het warm is de bakbanaanpartjes toe en bak aan beide kanten gedurende 3-4 minuten tot ze gekaramelliseerd en goudbruin zijn. breng op smaak met kokossuiker, peper en zout.

Meng voor de salade eenvoudig alle ingrediënten in een kleine mengkom.

serveer alles bij elkaar, geniet ervan.

76. Jamaicaanse Jerk Jackfruit & Bonen met Rijst

Bereidingstijd: 10 minuten

Kooktijd: 25 minuten

Porties: 2

INGREDIËNTEN

1 ui

2 knoflookteentjes

1 Spaanse peper

2 trostomaten

2 theelepels Jamaicaanse eikelkruiden

400g Blik kidneybonen

400g Blik jackfruit

200 ml kokosmelk

150 g witte langkorrelige rijst

50 g babybladspinazie

Zeezout

Versgemalen peper

1 eetlepel olijfolie

300ml kokend water

ROUTEBESCHRIJVING

Pel en snipper de ui fijn. Pel en rasp de teentjes knoflook. Halveer de chili, haal de zaadjes en het vlies eruit voor minder hitte en hak ze fijn. Hak de tomaten grof.

Giet 1 eetlepel olie in een grote pan en breng op middelhoog vuur. Schuif de uien erdoor en een flinke snuf zout en peper. Bak 4-5 minuten, af en toe roerend, tot ze zacht en licht gekleurd zijn. Roer de knoflook, chili en 2 theelepels Jamaicaanse jerk-kruiden erdoor en bak nog 2 minuten

Doe de gehakte tomaten in de pan. Giet de kidneybonen en jackfruit af en voeg ze toe aan de pan. Giet de kokosmelk erbij. Meng goed en breng aan de kook, dek dan gedeeltelijk af met een deksel en laat 20 minuten zachtjes sudderen. Gebruik tijdens de kooktijd af en toe een houten lepel om de stukjes jackfruit wat te breken.

Doe de rijst in een zeef en spoel goed af onder koud water. Doe in een kleine pan en voeg 300 ml kokend water en een snufje zout toe. Doe een deksel op de pan en breng aan de kook, draai dan naar beneden en laat 8 minuten heel zachtjes sudderen, tot al het water is opgenomen. Neem de rijst van het vuur en laat deze, afgedekt, 10 minuten in de pan stomen

Roer de spinazie door de jackfruit en bonen tot ze geslonken zijn. Proef de saus en voeg indien nodig meer zout toe.

Schep de rijst in een paar diepe kommen en garneer met royale soeplepels van de jackfruitcurry en serveer.

77. Rijst Pilaf Met Bonen, Vruchten En Noten

Bereidingstijd: 10 minuten

Bereidingstijd: 45 minuten

INGREDIËNTEN

1 1/2 kopjes langkorrelige rijst

1 eetlepel neutrale plantaardige olie

1 middelgrote ui, fijngehakt

1 tot 2 kleine verse hete chilipepers, in plakjes

2/3 kopje rozijnen of gedroogde veenbessen, of een combinatie

1/3 kopje gekookte pinto bonen

1/3 kopje fijngehakte gedroogde abrikozen

1/4 theelepel kurkuma

1/2 theelepel kaneel

1/4 theelepel gemalen of verse nootmuskaat

1/2 theelepel gedroogde basilicum

1/4 kopje sinaasappelsap

2 theelepels agavenectar

1 tot 2 eetlepels citroen- of limoensap, naar smaak

1/2 kopje geroosterde cashewnoten

Zout en versgemalen peper naar smaak

ROUTEBESCHRIJVING

Combineer de rijst met 4 kopjes water in een pan. Breng zachtjes aan de kook, zet het vuur lager, dek af en laat 30 minuten zachtjes sudderen, of tot het water is opgenomen.

Als de rijst gaar is, verhit je de olie in een grote koekenpan. Voeg de ui en chilipepers toe en bak op middelhoog vuur goudbruin.

Roer de rijst erdoor en alle overige ingrediënten behalve de noten, zout en peper. kook op laag vuur, onder regelmatig roeren, gedurende ongeveer 8 tot 10 minuten, zodat de smaken zich kunnen vermengen.

Roer de noten erdoor, breng op smaak met peper en zout en serveer.

78. Bonen en rijst cha cha cha kom

Porties: 6

INGREDIËNTEN

2 eetlepels Olijfolie

2 teentjes knoflook, fijngehakt

1 kop Gesneden ui

1 kop Gepelde, gesneden bleekselderij

1 kopje gesneden wortelen

1 theelepel Chilipoeder

¼ kopje Ingeblikte in blokjes gesneden groene chilipepers

1 pond pintobonen

2 kopjes gekookte zwarte bonen

¼ ui, grof gesneden

1 vet 263 calorieën

2 kopjes gesneden champignons

½ kopje reservebonenbouillon

2 eetlepels gehakte koriander

Zout en peper naar smaak

3 kopjes gekookte langkorrelige rijst

1 eetlepel Citroensap

2 theelepels zout of naar smaak

INGREDIËNTEN

Verhit olijfolie in een grote diepe pan en fruit knoflook, ui, selderij, wortelen en chilipoeder tot de ui glazig is.

Voeg chilipepers en champignons toe en bak nog 5 minuten.

Roer de bonen, bonenbouillon en koriander erdoor. Breng op smaak.

Dek af en laat op laag vuur ongeveer 10 minuten sudderen, af en toe roeren.

Serveer over rijst.

79. Raap Roerbak Met Bonen

Bereidingstijd: 10 minuten

Bereidingstijd: 20 minuten

Porties: 2 personen

INGREDIËNTEN

1 eetlepel olijfolie

2 paarse toprapen - geschrobd, bijgesneden en in blokjes gesneden

3 kopjes spinazie

1 15,5 ons. blik pintobonen - uitgelekt en afgespoeld

1 eetlepel verse gember - fijngehakt

2 teentjes knoflook - geperst of fijngehakt

1 eetlepel honing

1 eetlepel rijstazijn

2 eetlepels natriumarme sojasaus

1 kopje langkorrelige rijst - gekookt, voor serveren

ROUTEBESCHRIJVING

Als je rijst of volkoren moet bereiden voor de maaltijd, begin daar dan mee voordat je gaat roerbakken.

Verhit olijfolie in een grote koekenpan op middelhoog vuur. Voeg de rapen toe en kook, af en toe roerend/omdraaiend, gedurende 8-12 minuten of tot ze lichtbruin en zacht zijn.

Terwijl de rapen koken, klop je de gember, knoflook, honing, rijstazijn en sojasaus in een kleine kom. Voeg de spinazie, bonen en saus toe aan de koekenpan. Laat 4-6 minuten koken, of tot de spinazie geslonken is en het roerbakgerecht goed warm is.

Serveer warm over rijst.

80. Rijst met lamsvlees, dille en bonen

Porties: 8 porties

INGREDIËNTEN

2 eetlepels Boter

1 middelgrote ui; geschild en in plakjes van 1/4 inch dik gesneden

3 pond lamsschouder zonder been, in blokjes

3 kopjes water

1 eetlepel zout

2 kopjes ongekookte langkorrelige witte rijst, geweekt en uitgelekt

4 kopjes dille, vers; fijn gesneden

2 tien ons. Pinto bonen

8 eetlepels boter; gesmolten

$\frac{1}{4}$ theelepel saffraandraadjes; verpulverd en opgelost in 1 eetlepel. warm water

ROUTEBESCHRIJVING

Smelt in een zware braadpan van 3 tot 4 liter, met een goed sluitend deksel, de 2 eetlepels boter op matig vuur.

Wanneer het schuim begint af te nemen, voeg je de uien toe en kook je, onder regelmatig roeren, ongeveer 10 minuten, of tot de plakjes rijkelijk bruin zijn. Leg ze met een schuimspaan op een bord.

Laat de blokjes lamsvlees in ongeveer een half dozijn stukjes tegelijk bruin worden in het vet dat in de braadpan achterblijft, draai ze met een tang of een lepel en regel de hitte zodat ze diep en gelijkmatig kleuren zonder te verbranden. Terwijl ze bruin worden, leg je de blokjes lamsvlees op het bord met de uien.

Giet de 3 kopjes water in de braadpan en breng op hoog vuur aan de kook, terwijl je ondertussen de bruine deeltjes die aan de bodem en zijkanten van de pan blijven kleven, naar binnen schraapt. Doe het lamsvlees en de ui terug in de braadpan, voeg het zout toe en zet het vuur laag.

Dek goed af en laat ongeveer 1 uur en 15 minuten sudderen, of tot het lamsvlees zacht is en geen weerstand meer vertoont wanneer het wordt doorboord met de punt van een klein, scherp mes. Doe het lamsvlees, de uien en al het kookvocht in een grote kom en zet de braadpan opzij.

Verwarm de oven voor op 350 graden. Breng 6 kopjes water aan de kook in een pan van 5 tot 6 liter. Giet de rijst in een langzame, dunne stroom zodat het water niet stopt met koken. Roer een of twee keer, laat 5 minuten stevig koken, neem dan de pan van het vuur, roer de dille en bonen erdoor en laat uitlekken in een fijne zeef.

Schep ongeveer de helft van het rijstmengsel in de braadpan en bevochtig het met «een kopje lamskookvocht. Verdeel vervolgens met een spatel of lepel het rijstmengsel naar de randen van de pan.

Doe het lamsvlees en de uien met een schuimspaan terug in de braadpan en strijk ze glad over de rijst.

Verdeel vervolgens het resterende rijstmengsel erover. Meng 2 eetlepels van de gesmolten boter met 6 eetlepels van de lamsbouillon en giet dit over de rijst. Breng de braadpan op hoog vuur aan de kook.

Dek goed af en bak in het midden van de oven gedurende 30 tot 40 minuten, of tot de bonen gaar zijn en de rijst al het vocht in de braadpan heeft opgenomen.

Om te serveren, schep ongeveer een kopje van het rijstmengsel in een kleine kom, voeg de opgeloste saffraan toe en roer tot de rijst heldergeel is.

Verdeel ongeveer de helft van de resterende rijst over een verwarmde schaal en schik het lamsvlees erover. Bedek het lamsvlees met de rest van het rijstmengsel en garneer het met de saffraanrijst. Giet de resterende 6 eetlepels gesmolten boter erover.

81. Kaasachtige Pinto Bonen

Bereidingstijd: 10 minuten

Kooktijd: 10 minuten

Porties: 4

INGREDIËNTEN

2 teentjes knoflook

1 jalapeño

1 eetlepel kookolie

2 15oz. blikken pintobonen

1/4 theelepel gerookt paprikapoeder

1/4 theelepel gemalen komijn

1/8 theelepel versgemalen zwarte peper

2 scheutjes hete saus

1/2 kopje geraspte cheddar kaas

2 porties langkorrelige rijst, gekookt

ROUTEBESCHRIJVING

Hak de knoflook fijn en hak de jalapeño fijn.

Voeg de knoflook, jalapeño en bakolie toe aan een pan. Fruit de knoflook en jalapeño op middelhoog vuur gedurende ongeveer een minuut, of totdat de knoflook zeer geurig is.

Voeg een blik pintobonen toe aan een blender, met de vloeistof in het blik, en pureer tot een gladde massa.

Voeg de gepureerde bonen en het tweede blik bonen toe aan de pan met de knoflook en jalapeño. Roer om te combineren.

Breng de bonen op smaak met gerookte paprika, komijn, peper en hete saus. Roer om te combineren en verwarm dan op medium, af en toe roerend.

Voeg als laatste de geraspte cheddar toe en roer tot deze soepel in de bonen is gesmolten. Proef de bonen en pas de kruiden naar wens aan. Serveer over rijst of bij je favoriete maaltijd.

82. Rijst en bonen met basilicumpesto

Porties: 4 Porties

INGREDIËNTEN

Plantaardige kookspray

1 kopje Gehakte ui

1 kopje ongekookte langkorrelige rijst

13¾ ounce blik kippenbouillon zonder zout

1 kop Gehakte ongeschilde tomaat

¼ kopje Commerciële pesto-basilicumsaus

16 ons pintobonen

ROUTEBESCHRIJVING

Smeer een grote koekenpan in met kookspray en plaats op middelhoog vuur tot hij heet is.

Voeg ui toe; sauteer gedurende 2 minuten. Voeg rijst en bouillon toe; aan de kook brengen.

Zet het vuur lager en laat het zonder deksel 15 minuten sudderen of tot de rijst gaar is en het vocht is opgenomen.

Roer de tomaat, pestosaus en bonen erdoor; kook 2 minuten of tot het grondig is opgewarmd.

83. Flankbiefstuk met bonen en rijst

Porties: 6 Porties

INGREDIËNTEN

1½ pond Flankbiefstuk

3 eetlepels Plantaardige olie

2 laurierblaadjes

5 kopjes Rundvleesbouillon

4 eetlepels Olijfolie

2 uien; gehakt

6 knoflookteentjes; gehakt

1 eetlepel gedroogde oregano

1 eetlepel gemalen komijn

2 Tomaten; gezaaid, gehakt

Zout; proeven

Vers gemalen zwarte peper; proeven

Pinto bonen

Gekookte langkorrelige witte rijst

2 eetlepels Plantaardige olie

6 eieren

ROUTEBESCHRIJVING

Biefstuk kruiden met zout en peper. Verhit plantaardige olie in een zware grote koekenpan op hoog vuur. Voeg biefstuk toe en bak tot het aan alle kanten bruin is. Voeg laurierblaadjes en bouillon toe.

Zet het vuur lager en laat sudderen tot de biefstuk heel zacht is, af en toe draaien gedurende ongeveer 2 uur.

Haal van het vuur en laat het vlees afkoelen in de bouillon. Haal het vlees uit de bouillon en versnipper het. Reserveer 1 kopje kookvocht; bewaar het resterende kookvocht voor een ander gebruik. Verhit olijfolie in een zware grote koekenpan op middelhoog vuur. Voeg ui toe en bak tot goudbruin.

Voeg knoflook, oregano, komijn toe en bak tot geurig. Voeg tomaten toe en blijf koken tot het meeste vocht is verdampt.

Voeg versnipperd vlees en 1 kopje van het bewaarde kookvocht toe. Breng op smaak met zout en peper. Schik het rundvlees, de rijst en de bonen op een rechthoekige schaal in drie rijen met de rijst in het midden.

Verhit plantaardige olie in een zware grote koekenpan op middelhoog vuur. Breek eieren in de koekenpan. Bak tot ze zacht zijn gestold. Serveer bovenop bonen, vlees en rijst.

84. Afrikaanse rijst en bonen

Bereidingstijd: 15 minuten

Kooktijd: 35 minuten

Porties: 6

INGREDIËNTEN

½ kopje rode / palm- / of koolzaadolie

2-3 teentjes knoflook fijngehakt

1 middelgrote ui in blokjes gesneden

1 eetlepel gerookte paprika

1 theelepel gedroogde tijm

½ scotch bonnet peper of ½ theelepel cayennepeper

4 tomaten in blokjes

2 kopjes gewassen langkorrelige rijst

2 kopjes gekookte pintobonen

4 1/2 - 5 kopjes kippenbouillon of water

1 eetlepel zout of meer naar smaak

1/4 kopje rivierkreeft

1 theelepel kippenbouillon

ROUTEBESCHRIJVING

Verhit een pan met olie. Voeg vervolgens uien, knoflook, tijm, gerookte paprika en hete peper toe, bak ongeveer een minuut en voeg tomaten toe. Kook ongeveer 5-7 minuten.

Roer de rijst door de pan; blijf ongeveer 2 minuten roeren.

Voeg vervolgens bonen, 4 1/2 kopjes kippenbouillon / water toe, breng aan de kook, zet het vuur lager en laat sudderen tot de rijst gaar is, ongeveer 18 minuten of langer. Pas op voor zout en peper. Je moet af en toe roeren om brandwonden te voorkomen.

Serveer warm met kip, stoofvlees of groenten

85. Tumbleweed, pinto bean en rijstsalade

Porties: 6 porties

INGREDIËNTEN

¾ kopje gedroogde pintobonen

1½ kopje Tumbleweed greens of krulandijvie, of venkeltoppen, grondig gewassen en uitgelekt

1½ kopje gekookte witte langkorrelige rijst

¾ kopje Zonnebloemolie

3 eetlepels rode wijnazijn met kruidensmaak

2 eetlepels gehakte verse bieslook

2 kleine Knoflookteentjes, gepeld

¼ theelepel zwarte peper

⅛ theelepel Zout

Bieslookbloesems voor garnering

ROUTEBESCHRIJVING

Week de bonen een nacht in water zodat ze onder staan. Giet 's ochtends de bonen af, spoel ze af onder koud stromend water en doe ze in een pan met vers water om ze onder te laten staan.

Breng op hoog vuur aan de kook, zet het vuur lager en laat enkele uren sudderen tot de bonen zacht zijn en de schil begint te splijten.

Voeg indien nodig water toe om te voorkomen dat de bonen uitdrogen en roer af en toe om te voorkomen dat ze verbranden en plakken. Haal van het vuur, giet af en laat afkoelen.

Meng in een kom de greens, bonen en rijst. Dek af en zet minimaal 30 minuten in de koelkast.

Meng in een blender de olie, azijn, bieslook, knoflook, peper en zout. Mix op hoge snelheid tot de bieslook en knoflook fijn gepureerd zijn.

Giet de dressing over de salade, meng en garneer met bieslookbloesems.

86. Pinto Bonen, Rijst En Veggie Salade

Bereidingstijd: 15 minuten

Kooktijd: 15 minuten

Porties: 4

INGREDIËNTEN

2 kopjes water

1 kopje ongekookte langkorrelige rijst

15-ounce blik pintobonen, gespoeld en uitgelekt

1 rode paprika

1 gele paprika

5 groene uien

$\frac{1}{4}$ kopje olijfolie

$\frac{1}{4}$ kopje appelazijn

1 eetlepel Dijon-mosterd

1 theelepel gemalen komijn

1 grote teen knoflook

$\frac{3}{4}$ theelepel koosjer zout

$\frac{1}{4}$ theelepel versgemalen zwarte peper

ROUTEBESCHRIJVING

Giet 2 kopjes water in een middelgrote pan. Breng aan de kook, voeg dan de ongekookte rijst toe, roer om te combineren en breng weer aan de kook. Bedek de pan en zet het vuur zo laag mogelijk.

Laat 15 minuten sudderen zonder het deksel te openen, tot de rijst gaar is en het water is opgenomen.

Snijd de paprika's fijn. Snijd de groene uien in dunne plakjes. Hak de knoflook fijn.

Combineer in een grote mengkom de gekookte rijst, bonen, gehakte rode en gele paprika's en lente-uitjes en meng om te combineren.

Meng in een kleine kom of maatbeker de olijfolie, appelciderazijn, mosterd, komijn, knoflook, zout en zwarte peper, klop grondig om te combineren en giet dan over het rijstmengsel.

Gooi voorzichtig om te coaten en serveer dan onmiddellijk of bewaar het maximaal 3 dagen in de koelkast.

87. Salade van edamame en pintobonen

Bereidingstijd: 30 minuten

Kooktijd: 10 minuten

PORTIES: 6

INGREDIËNTEN

VOOR DE VERKLEDING

1/2 kopje ciderazijn

1/4 kopje olijfolie

1 1/2 theelepel komijn

1 theelepel verse gehakte knoflook

Zout en peper naar smaak

VOOR DE SALADE

3 kopjes gekookte langkorrelige rijst, afgekoeld

2 kopjes edamame bonen

1 ons. kan pinto bonen

3/4 kopje fijngesneden rode paprika

3/4 kopje verse koriander grof gehakt

Zout en peper naar smaak

ROUTEBESCHRIJVING

Meng in een kom met een garde de olijfolie, azijn, knoflook en komijn. Klop tot alles goed gemengd is, proef en breng op smaak met zout en peper. Opzij zetten.

Voeg in een aparte grote kom de gekookte rijst, edamamebonen, gehakte peper en pintobonen toe.

Meng en breng op smaak met zout en peper. Voeg de gehakte koriander toe.

Voeg de dressing niet toe vlak voor het opdienen. Voeg eerst ongeveer de helft toe en proef.

Meng goed en serveer in een grote kom, gegarneerd met meer korianderblaadjes.

88. Rijst-bonensalade met gehakte rauwkost

Porties: 4

INGREDIËNTEN

1¼ kopje gekookte langkorrelige rijst

1 kop Gekookte pintobonen - gespoeld en uitgelekt

2 eetlepels Gehakte pecannoten - geroosterd

2 eetlepels fijngehakte rode paprika

2 eetlepels fijngehakte rode ui

3 eetlepels gehakte verse koriander

3 eetlepels groene chilipepers, in blokjes

⅓ kopje Wortelen - fijngehakt

⅓ kopje Broccoliroosjes - fijngehakt

⅓ kopje bloemkoolroosjes, fijngehakt

Zout en peper - versgemalen

2 kopjes ijsbergsla - versnipperd

3 eetlepels Vetvrije Italiaanse salade

ROUTEBESCHRIJVING

Kook pintobonen, met een garnituur van stengel bleekselderij, wortelstuk en venkelstengel. Afspoelen, afgieten, laten afkoelen.

Combineer ongeveer twee tot drie uur voor het opdienen de gekoelde rijst en bonen in een grote mengkom. Schil een wortel en snijd hem in stukken van 1 inch.

Hak, samen met 5 tot 6 broccoliroosjes en bloemkoolroosjes, fijn in een keukenmachine. Voeg toe aan de kom en gooi.

Rooster de pecannoten in een droge pan ongeveer 4 minuten op middelhoog vuur. Haal van het vuur. Laat afkoelen en voeg dan toe aan de salade.

Hak met de hand de ui, de rode paprika en de verse korianderblaadjes fijn. Hak de chilipepers uit blik fijn.

Voeg toe aan de salade en meng goed. Proef en breng op smaak met zout en peper. Gooi goed.

Voeg 3 eetlepels saladedressing toe. Toss. Koel. Serveer op een bedje van dun gesneden sla.

89. Bonen en Rijst Gumbo

Bereidingstijd 5 minuten

Kooktijd 20 minuten

Porties: 4

INGREDIËNTEN

2 kopjes kip, gekookt en in blokjes gesneden

1 kopje langkorrelige rijst, gekookt

2 15-ounce blikken pintobonen, uitgelekt

4 kop kippenbouillon

2 eetlepels Taco Kruidenmix

1 kop tomatensaus

Toppings:

Geraspte kaas

Salsa

Gehakte koriander

Gehakte ui

ROUTEBESCHRIJVING

Doe alle ingrediënten in een middelgrote soeppan. Roer voorzichtig.

Kook op middelhoog vuur, laat ongeveer 20 minuten sudderen, af en toe roeren.

Serveer met toppings.

90. Chili con carne

INGREDIËNTEN

500g Rundergehakt/gehakt
1 Grote ui gesnipperd
3 teentjes Knoflook
2 (15-Ounce elk) Blikje gehakte tomaten
Een scheutje tomatenpuree
1 theelepel chilipoeder
1 theelepel gemalen komijn
scheutje worcestersaus
Zout en peper
1 Gehakte rode paprika
15-ounce blik uitgelekte bruine bonen
Gekookte langkorrelige rijst, om te serveren

ROUTEBESCHRIJVING

Fruit de ui in een hete pan met olie bijna bruin en voeg dan de gehakte knoflook toe
Voeg het gehakt toe en roer tot het bruin is; giet eventueel overtollig vet af
Voeg alle gedroogde kruiden en kruiden toe, zet het vuur lager en voeg de gehakte tomaten toe
Roer goed en voeg tomatenpuree en Worcestershire-saus toe en laat ongeveer een uur sudderen.
Voeg de gehakte rode paprika toe en laat 5 minuten sudderen, voeg dan het blik uitgelekte kidneybonen toe en kook nog 5 minuten.
Serveer met langkorrelige rijst.

91. Veganistische Rijstgumbo

Bereidingstijd: 5 minuten

Kooktijd: 25 minuten

Porties: 4

INGREDIËNTEN

4 grote stengels bleekselderij

3 grote wortelen

1 middelgrote ui

1 theelepel gedroogde tijm

1 theelepel gedroogde peterselie

1 theelepel knoflookpoeder

1 theelepel zout

1/2 theelepel gemalen salie

1 eetlepel kokosamino's

4 kopjes groentebouillon

2 kopjes water

2/3 kop langkorrelige witte rijst

1 blik pintobonen

ROUTEBESCHRIJVING

Snijd of hak de groenten in hapklare stukjes.

Voeg een grote pan toe aan het fornuis en zet op middelhoog vuur. Spray de bodem van de pot in met avocado-olie of olijfoliespray. Voeg groenten toe.

Kook de groenten 3-4 minuten.

Voeg na 3-4 minuten kruiden, laurier en kokosamino's toe. Roer en kook nog 1-2 minuten.

Terwijl de groenten koken, spoel je de rijst goed af.

Voeg 1/2 kopje groentebouillon toe en schraap de bodem/zijkant van de pan schoon en verwijder alle bruine stukjes van de bodem.

Voeg de rest van de bouillon, het water en de rijst toe aan de pan. Roer en dek af. Zet het vuur hoog.

Zodra de Gumbo kookt, zet je het vuur laag en laat je het 15 minuten koken.

Terwijl de Gumbo aan het koken is, spoel je de bonen af en laat je ze uitlekken. En voeg ze toe aan de Gumbo.

Verwijder vlak voor het serveren de laurierblaadjes. Heet opdienen.

92. Bonen en rijst burrito's

Porties: 10 porties

INGREDIËNTEN

1 blik pintobonen

1 kopje langkorrelige rijst; gekookt

½ kopje Uien; bevroren, gehakt

½ kopje paprika's; bevroren, gehakt

½ kopje maïs; bevroren

Chili poeder; streepje

Sla, gehakt

1 bos lente-uitjes; gehakt

Komijn; streepje

Knoflook poeder; streepje

¾ kopje Water

Salsa, olievrij, natriumarm

10 Tortilla's, volkoren

1 Tomaat; gehakt

ROUTEBESCHRIJVING

Fruit de bevroren uien en groene pepers in een paar eetlepels water in een koekenpan.

Giet de bonen af, spoel ze af en doe ze in een koekenpan en pureer ze met een aardappelstamper. Voeg de gekookte rijst, maïs, kruiden en water toe. Verwarm 5 tot 10 minuten tot het meeste water is opgenomen, af en toe roeren.

Verwarm de tortilla's snel in een voorverwarmde koekenpan, een broodroosteroven of een magnetron.

Plaats een streep bonenmengsel in het midden van elke tortilla en voeg een theelepel salsa en een van de andere toppings naar wens toe.

Vouw $\frac{1}{2}$ inch aan elke kant op, stop de bovenrand in en rol in een burrito. Serveer onmiddellijk, eventueel aangevuld met extra salsa.

93. Roll-ups van rijst en bonen

Porties: 6

Phersteltijd: 20 minuten

Bereidingstijd: 55 minuten

INGREDIËNTEN

1 1/2 kopje salsa

1 kopje gekookte langkorrelige rijst

2 middelgrote Roma-tomaten, gehakt

1 kleine paprika, in stukken van 1/2-inch gesneden

1 blik pintobonen, niet uitgelekt

1 blik hele maïskorrels, uitgelekt

6 bloemtortilla's met tuingroentensmaak

1 kopje geraspte Mexicaanse kaasmix

ROUTEBESCHRIJVING

Verwarm de oven tot 350 ° F. Verspreid 1/2 kopje van de salsa in een niet-ingevette rechthoekige ovenschaal, 13x9x2 inch.

Meng rijst, tomaten, paprika, bonen en maïs. Verdeel ongeveer 1 kopje rijstmengsel over elke tortilla; rol de tortilla op. Leg met de naad naar beneden op de salsa in de ovenschaal. Lepel de resterende 1 kop salsa over tortilla's. Bestrooi met kaas.

Dek af en bak gedurende 30 tot 35 minuten of tot het is verwarmd en de kaas is gesmolten.

Gebruik voor meer pit de nieuwe tortilla's met jalapeño- of koriandersmaak die verkrijgbaar zijn in de supermarkt.

94. Gebakken Pinto Bean Flautas met Tortilla van rijstmeel

Bereidingstijd: 25 minuten

Kooktijd: 15 minuten

Porties: 25 flautas

INGREDIËNTEN

1/2 kopje rode ui

1/2 kopje witte ui

2 eetlepels avocado-olie

1 grote paprika in blokjes

2 kopjes pintobonen

1,5 kopjes kikkererwten

1 blik pintobonen, uitgelekt en afgespoeld

1/4-1/2 kop salsa verde

1 eetlepel chilipoeder

1 eetlepel knoflookpoeder

1 eetlepel komijn

1/8 theelepel cayennepeper of paprika

1/8 theelepel oregano

zout, naar smaak

2-3 eetlepels vers gesneden koriander

2-4 kopjes van je favoriete Mexicaanse kazen, versnipperd

25-30 kleine rijstmeeltortilla's

ROUTEBESCHRIJVING

Verwarm je oven voor op 385 graden F.

Fruit je ui in een beetje olie [2 eetlepels] om zacht te worden.

Combineer vervolgens paprika, bonen en salsa in een grote kom.

Voeg uien toe aan de mix en breng op smaak met chilipoeder, knoflookpoeder, komijn, koriander, zout, cayennepeper en oregano.

Wikkel vervolgens een kleine stapel maïstortilla's [4-5] in een vochtige papieren handdoek en zet de magnetron 30 seconden op de hoogste stand. Volg het met nog eens 30 seconden.

Eenmaal gestoomd, spuit of wrijf je een kant van de tortilla in met olie en voeg je een dunne laag vegetarische vulling toe verticaal langs het midden van de tegenoverliggende [ongeoliede] tortilla. Werk het af met een laag kaas [zoveel of zo weinig als je wilt!] en rol de tortilla voorzichtig op.

tip: je gestoomde tortilla's zullen vanzelf om elkaar heen gaan krullen in de stapel. Dit is een totaal voordeel omdat ze van nature willen rollen! Wanneer je je tortilla's uit de papieren handdoek haalt, smeer je de kant naar boven in met olie en leg je de vulling op de kant die naar binnen krult. Altviool!

Sluit elke flauta met twee tandenstokers en leg ze op een bak-/koelrek van draad. Herhaal deze stappen tot je een rek vol flautas hebt.

Leg ze op een rooster op een met folie beklede bakplaat. Door het rooster komen de flauta's omhoog en worden ze aan beide kanten lekker krokant.

Bestrooi het eindproduct met een scheutje knoflookpoeder en cayennepeper.

Bak op het middelste rek, op 385F, gedurende ongeveer 15-18 minuten. Helemaal aan het einde zet je de oven iets minder dan een minuut op HIGH om de tortilla's knapperig te maken tot een perfect gouden, knapperige schaal.

95. Enchiladas van rijst en bonen met rode saus

Porties: 12 Porties

INGREDIËNTEN

12 9-inch bloemtortilla's; vetvrij

VULLING

1 eetlepel Canola-olie

2 uien; gehakt

6 teentjes knoflook; gehakt

16 ons Tomatensaus

1 eetlepel Chilipoeder

½ theelepel rode pepervlokken; verpletterd

2 theelepels gemalen komijn

2 theelepels zout

5 kopjes gekookte rijst

3 pond gekookte bonen

Water; zoals nodig

⅔ kopje zwarte olijven zonder pit; gehakt

8 ons scherpe cheddarkaas; geraspt

½ bosje Gehakte korianderblaadjes

ROUTEBESCHRIJVING

Verhit olie in een grote sauteerpan of sauspan met antiaanbaklaag. Voeg ui en knoflook toe en bak tot ze zacht zijn. Voeg tomatensaus, chilipoeder, pepervlokken, komijn en zout toe. Kook langzaam, onafgedekt, gedurende 15 minuten om de smaken te mengen.

Voeg de helft van het tomatenmengsel toe aan de gekookte bonen in de kom. Roer om te mengen. Voeg de gekookte rijst toe aan de resterende helft van het tomatenmengsel.

Verwarm de oven voor op 350F.

Vet een grote ovenschaal licht in. Leg een dunne laag rode saus op de bodem van de ovenschaal.

Verdeel de vulling in 12 richtingen en plaats gekruide bonen, gekruide rijst, gehakte olijven, kaas en koriander op elke tortilla.

Rol stevig op en plaats, naad naar beneden, in een enkele laag in een ovenschaal.

Top met de resterende rode saus. Dek af met perkament of vetvrij papier en dek stevig af met folie. Bak in de voorverwarmde oven gedurende 60 minuten. Verwijder folie en papier, bestrooi met 2 oz. van gereserveerde kaas en bak nog eens 15 minuten.

Serveer met verse groene salsa.

96. Quesadilla's met rijst en bonen

Totale tijd: 20 minuten

Porties: 4-6

INGREDIËNTEN

1 theelepel olijfolie-

1 kopje gekookte langkorrelige rijst

15-ounce blik pintobonen, uitgelekt en gespoeld

1 theelepel komijn

1 theelepel paprikapoeder

3/4 theelepel knoflookpoeder

1/2 theelepel uienpoeder

4-6 tortilla's

Scherpe Cheddar Geraspte kaas

ROUTEBESCHRIJVING

Verhit een grote pan op middelhoog vuur en voeg olijfolie, rijst, bonen en kruiden toe. Kook tot het is opgewarmd, ongeveer 3 minuten.

Leg je tortilla op een snijplank en besprenkel de ene helft met een klein handvol kaas 1/4 - 1/3 kopje en bedek met een gelijke hoeveelheid rijst en bonenmengsel.

Vouw de tortilla dubbel en leg hem in een licht ingevette pan. Kook quesadilla tot de kaas is gesmolten en elke kant van de tortilla goudbruin is, één keer omdraaien.

Laat quesadilla's een paar minuten afkoelen voordat je ze aansnijdt.

97. Peruviaanse Tacu Tacu Cake

Totale tijd: 35 minuten

PORTIES: 2-4 porties

INGREDIËNTEN

VOOR DE SALSA CRIOLLA

1/2 kleine rode ui, dun gesneden

2 eetlepels gehakte verse korianderblaadjes

2 eetlepels vers limoensap

1/4 theelepel aji Amarillo-pasta

1/4 theelepel koosjer zout

VOOR DE TACU TACU

3 eetlepels druivenpit- of saffloerolie

1/2 kleine rode ui, gesnipperd

2 teentjes knoflook, gehakt

1/2 theelepel koosjer zout, plus meer naar smaak

1 theelepel aji Amarillo-pasta

2 kopjes gekookte of ingeblikte pintobonen, uitgelekt en gespoeld

1 kopje koude gekookte langkorrelige witte rijst

1 eetlepel gehakte verse bladpeterselieblaadjes

1 eetlepel gehakte verse oregano

1 limoen, in partjes gesneden

ROUTEBESCHRIJVING

Maak de salsa: combineer de ui in een middelgrote kom met voldoende koud water om te bedekken en laat minstens 10 minuten staan, giet dan af. Meng met de koriander, limoensap, aji Amarillo en salie

Maak de tacutacu:

Verhit in een 10-inch koekenpan met anti-aanbaklaag op middelhoog vuur 1 eetlepel olie tot hij glinstert. Roer de ui en knoflook erdoor en kook, al roerend, tot ze lichtbruin zijn, 5 tot 6 minuten. Roer het zout en de aji Amarillo erdoor en schraap het mengsel in de kom van een keukenmachine. Veeg de koekenpan schoon.

Voeg 1 kopje bonen toe aan de keukenmachine en pureer kort tot het grotendeels glad maar nog steeds grof is. Schraap het mengsel in een grote kom.

Voeg de resterende 1 kop bonen, de rijst, peterselie en oregano toe aan de kom en roer om goed te combineren. Proef, en voeg indien nodig meer zout toe.

Zet de koekenpan terug op middelhoog vuur en giet er nog 1 eetlepel olie in. Voeg het rijst-en-bonenmengsel toe en gebruik een spatel om het gelijkmatig te verdelen en lichtjes in te pakken.

Kook tot ze diepbruin zijn aan de onderkant, ongeveer 7 minuten. Haal van het vuur, keer een bord om op de pan en draai beide voorzichtig om zodat de bonen-en-rijstcake met de onderkant naar boven op het bord terechtkomt.

Zet de koekenpan terug op middelhoog vuur, giet de resterende 1 eetlepel olie erbij en schuif de cake terug in de pan.

Bak nog eens 7 minuten, of tot de andere kant diepbruin is, keer dan de plaat om en draai de koekenpan weer om om de cake op de plaat te laten landen.

Werk af met de salsa en serveer heet met partjes limoen.

98. Alkalische Stoofpot Erwten Met Dumplings

Totale tijd: 40 minuten

Porties: 4

INGREDIËNTEN

1 kopje gedroogde pintobonen, een nacht geweekt
1 ui, groot
1 wortel, groot
3 teentjes knoflook
1 stengel bosui
1 theelepel tijm
½ theelepel piment, gemalen
1 eetlepel universele kruiden
zout en peper naar smaak
1 scotch bonnet peper, heel
1 kop kokosmelk
1 eetlepels olie

DUMPLINGEN

1½ eetlepels. witte rijstmeel
1½ eetlepels. boekweitmeel
1 eetlepel aardappelzetmeel
½ eetlepel tapiocameel
1 eetlepel amandelmeel
¼ theelepel zout
2 eetlepels. water

ROUTEBESCHRIJVING

Giet de geweekte bonen af en doe ze in een snelkookpan. Bedek met vers water, ongeveer 2,5 cm boven de bonen. Dek af en kook ongeveer 20 tot 25 minuten.

Snijd ondertussen de ui, knoflook, wortel en lente-ui fijn en doe ze in een kom.

Meng in een andere kom alle droge ingrediënten om de knoedels te maken. Voeg geleidelijk water toe, meng na elke gietbeurt, tot een stevig deeg begint te vormen.

Verdeel het deeg in ongeveer 8 tot 10 kleinere stukken. Rol elk stuk tussen de handpalmen in de vorm van 3-inch lange touwen of ongeveer zo groot als je pink. Leg de dumplings apart op een bord.

Zodra de bonen gaar zijn, laat je de snelkookpan de druk ontsnappen voordat je hem opent. Je kunt de pot onder koud kraanwater laten lopen om te helpen.

Verwijder het deksel en voeg de gehakte kruiden en resterende kruiden toe.

Voeg de kokosmelk en dumplings toe en laat 10 minuten op laag vuur sudderen.

Voeg de dumplings toe en kook nog 5 minuten tot de dumplings volledig gaar zijn. Als de stoofpot te dik is, voeg dan indien nodig meer water toe.

Haal van het vuur. Serveer met rijst en gestoomde groenten of avocado.

99. Okra-curry

INGREDIËNTEN

250 g okra (damesvinger) - in stukken van 1 cm gesneden
2 Eetlepels geraspte gember
1 Eetlepel mosterdzaadjes
1/2 Eetlepel komijnzaad
2 eetlepels olie
Zout naar smaak
Knijp asafetida
2-3 eetlepels geroosterd pindapoeder
Koriander blaadjes

ROUTEBESCHRIJVING

Verhit de olie en voeg de mosterdzaadjes toe. Voeg komijn, asafetida en gember toe als ze knappen. Kook gedurende 30 seconden.

Voeg de okra en het zout toe en roer tot het gaar is. Voeg het pindapoeder toe, kook nog 30 seconden.

Serveer met korianderblaadjes.

100. Plantaardige Kokos Curry

INGREDIËNTEN

2 middelgrote aardappelen, in blokjes gesneden
1 1/2 kopjes bloemkool - in roosjes gesneden
3 tomaten in grote stukken gesneden
1 Eetlepel olie
1 Eetlepel mosterdzaadjes
1 Eetlepel komijnzaad
5-6 kerrieblaadjes
Snufje kurkuma - optioneel
1 Eetlepel geraspte gember
Verse korianderblaadjes
Zout naar smaak
Verse of gedroogde kokosnoot – versnipperd

ROUTEBESCHRIJVING

Verhit de olie en voeg dan de mosterdzaadjes toe. Voeg als ze knappen de resterende kruiden toe en kook gedurende 30 seconden.
Voeg de bloemkool, tomaat en aardappel plus een beetje water toe, dek af en laat sudderen, af en toe roerend tot ze gaar zijn. Er moet wat vloeistof overblijven. Als je een droge curry wilt, bak dan een paar minuten tot het water is verdampt.
Voeg kokosnoot, zout en korianderblaadjes toe.

●

CONCLUSIE

In de vroege dagen van New Orleans werd een gumbo waarschijnlijk geserveerd als eerste gang van een maaltijd. Tegenwoordig telt een gumbo, gezien onze snelle levens, meestal als voorgerecht op thuistafels. Restaurants volgen eerder de ouderwetse stijl met gumbo als aperitief.

Tijdens het tijdperk van slavenhandel werd okra door Afrikanen in New Orleans geïntroduceerd, die, volgens de meeste voedselexperts, de plant via het Caribisch gebied naar zuidelijke plantages brachten. Het werd gombo of kingombo genoemd in Bantu-talen en werd ofwel gekookt, gebakken, gestoomd of gebeitst en diende zowel als verdikkingsmiddel als als een smakelijk ingrediënt dat goed samengaat met zeevruchten in gumbos.

Tegenwoordig gaat de betekenis van "gumbo" verder dan het culinaire. Vrijwel elk mengsel zou een gumbo kunnen worden genoemd - een politieke gumbo, een hondenras, een modegekte. Het is een populaire naam voor dieren; een in het bijzonder was een St. Bernard en mascotte van de New Orleans Saints in de beginjaren.

Van alle gerechten die worden geserveerd in de smeltkroes, of gumbo, dat is Zuid-Louisiana, is dit scherpe eenpansgerecht synoniem geworden met het territorium. Zeg 'New Orleans' en we denken 'eten' of we denken 'gumbo'.

www.ingramcontent.com/pod-product-compliance
Lightning Source LLC
Chambersburg PA
CBHW070501120526
44590CB00013B/717